Marcia Bortolanza

MENOS ESPELHOS E MAIS JANELAS

Presidente do conselho:
Maurício Sita

Presidente:
Alessandra Ksenhuck

Vice-presidentes:
Cláudia Pires e Julyana Rosa

Diretora de projetos:
Gleide Santos

Consultora de projetos:
Andreza Cristina Pena da Silva

Curadoria:
Silvia Naccache

Entrevistas:
Even Sacchi

Coordenadora editorial:
Amanda Moura

Assistentes editoriais:
Júlia Almeida e Lui Navarro

Capa:
Fernando Altavista

Projeto gráfico e diagramação:
Gabriel Uchima

Revisão:
Ivani Rezende e Fernanda Felix

Impressão:
Printi'

Dados Internacionais de Catalogação na Publicação (CIP)
(Câmara Brasileira do Livro, SP, Brasil)

Bortolanza, Marcia
Menos espelhos e mais janelas / Marcia Bortolanza.
-- São Paulo : Literare Books International, 2024.

ISBN 978-65-5922-925-3

1. Bem-estar 2. Generosidade 3. Solidariedade
I. Título.

24-221331 CDD-158

Índices para catálogo sistemático:

1. Generosidade : Psicologia aplicada 158

Eliane de Freitas Leite - Bibliotecária - CRB 8/8415

Literare Books International.
Alameda dos Guatás, 102 – Saúde– São Paulo, SP.
CEP 04053-040
Fone: +55 (0**11) 2659-0968
site: www.literarebooks.com.br
e-mail: literare@literarebooks.com.br

MISTO
Papel | Apoiando o manejo florestal responsável
FSC® C196274

"Procuro alguém que cante comigo esta canção,
que venha repartir comigo o coração."

Que esta linda frase da canção composta
pelo querido Pe. Zezinho nos inspire a compartilhar
nossa vida e a sermos solidários!

PREFÁCIO

“Quem faz um poema abre uma janela.
Respira, tu que estás numa cela abafada,
esse ar que entra por ela.
Por isso é que os poemas têm ritmo – para que
possas profundamente respirar.”

Trecho do poema *Emergência*,
de Mário Quintana

Este livro será para você, caro leitor, uma janela poética aberta para uma jornada de transformação pessoal e social. Ele o inspirará a abrir seu coração para a solidariedade, a filantropia e o voluntariado, promovendo o cuidado com as pessoas e com o planeta.

A solidariedade não se resume a atos grandiosos, mas a um compromisso diário com o bem-estar do próximo. Atitudes gentis e generosas, um sorriso, um abraço, uma palavra de conforto ou um gesto concreto de ajuda, por menor que pareça, podem fazer a diferença na vida de alguém. O solidário semeia compaixão e esperança em um mundo que anseia cada vez mais por união e colaboração.

Ao longo deste livro, seremos guiados por reflexões inspiradoras, dados importantes e exemplos práticos que demonstram o poder transformador da solidariedade. Descobriremos que ser solidário não apenas beneficia o outro, mas também contribui para a nossa própria felicidade. Ao ajudarmos o próximo, cultivamos sentimentos de amor, gratidão e realização, iluminando caminhos e abrindo janelas onde não parecia haver luz ou saída.

Em um mundo marcado por contrastes e desigualdades, a solidariedade surge como um movimento fundamental para a construção de um futuro mais justo, equitativo, inclusivo, diverso e humano.

Os capítulos, inspirados em conversas e entrevistas com vários especialistas, nos convidam a refletir sobre diferentes aspectos, perspectivas e formas de ajuda ao próximo, buscando amenizar o sofrimento e oferecer a esperança de um novo recomeço, seja em momentos de auxílio imediato, em situações de emergência, ou no engajamento em ações contínuas e filantrópicas.

Em meio à rotina agitada da vida, gestos simples e cotidianos podem se manifestar nas mais diversas situações, sejam pontuais ou contínuas, por meio do engajamento em ações voluntárias, no apoio a projetos sociais ou na doação regular de recursos financeiros ou materiais. Essas atitudes solidárias demonstram um compromisso profundo e de grande impacto na vida de alguém. Ao doarmos tempo, recursos ou dinheiro, assumimos a responsabilidade e contribuímos para um futuro mais promissor, deixando um legado para as próximas gerações.

A solidariedade não se limita a atos individuais de bondade. Ela também se manifesta pelo civismo e pela cidadania. Defender políticas públicas que atendam às necessidades da população, participar de debates e ações que promovam o bem-estar social e defender os direitos daqueles que estão em situação de vulnerabilidade são formas de exercer a solidariedade de um modo coletivo.

Em um mundo sufocado por emergências climáticas e sociais, o poema de Mário Quintana nos convida a abrir as janelas da alma e respirar o ar da transformação. A solidariedade, como um poema vivo, torna-se a força motriz para combater as desigualdades, proteger o meio ambiente e construir um futuro mais sustentável.

Juntos, podemos promover a justiça, resolver problemas socioambientais e experimentar a enorme satisfação de fazer a diferença na vida de alguém e ainda para o bem do território, da comunidade e do planeta.

A solidariedade gera felicidade e harmoniza o bem-estar individual com o bem-estar coletivo. Que este livro seja um convite à ação, um incentivo para que você abra seu coração e se torne um agente de transformação positiva no Brasil e no mundo.

Silvia Naccache

AGRADECIMENTOS

Em primeiro lugar, agradeço a Deus por mais esta obra literária, com a qual espero tocar muitos corações, e à minha amada família, que me apoia incondicionalmente.

Aqui vai ainda uma deferência especial à minha querida companheira do Terceiro Setor, Silvia Naccache. Ela tem um amor grandão assim! Falei que nem criança agora, para expressar o amor sem limites que Silvia tem pelo voluntariado, que é sua menina dos olhos; mas ela atua em muitas e muitas frentes no Terceiro Setor, além de ser ela mesma voluntária e doadora desde sempre.

Silvia participou do meu primeiro livro e nos encontramos em vários eventos, nascendo assim uma grande admiração, não só pelo seu trabalho incansável, mas pelo seu sorriso largo no rosto e comprometimento com que ela empreende cada ação, fazendo do voluntariado uma arte cheia de encanto e, também, de resultados visíveis para as organizações da sociedade civil.

Neste ano especial, deixo aqui meus parabéns pelos 15 anos do GEVE – Grupo de Estudos de Voluntariado Empresarial – que Silvia fundou e conduz com muito amor e dedicação, e reitero minha gratidão por ter aceito escrever o prefácio deste meu novo livro!

PRÓLOGO

Caros leitores,

Em meu primeiro livro, *E depois que o coração aperta?*, tratei sobre a caridade e a solidariedade em um dos capítulos. E eu cutucava, no bom sentido, a cada um de vocês para responderem o que fazer depois que o coração apertasse e houvesse necessidade de uma ação. A resposta mais plausível para mim é: "bora" ajudar a quem precisa!

É justamente sobre isso que pretendo tratar nesta nova obra. Afinal de contas, como disse o sociólogo Pedro Aguerre, "a solidariedade não é abstrata". Quero focar nas ações concretas da solidariedade, nas conexões de nosso cérebro que nos impulsionam a sermos solidários e no aprendizado das práticas solidárias ao longo de nossa vida. Sim, podemos aprender a ser solidários!

Ações pontuais são urgentes, muitas vezes, ou podem ser maturadas conscientemente com riqueza de detalhes, quando se trata de tentar impactar e transformar completamente a vida de uma pessoa ou de uma comunidade inteira, com trabalho, atividades cognitivas, educação e o que mais for necessário.

Como psicóloga que sou, vou tratar dos vários aspectos que permeiam a solidariedade em termos psicológicos, e aqui vale um adendo: diferentes correntes da psicologia oferecem perspectivas variadas sobre a origem da solidariedade, algumas enfatizando sua formação consciente pela interação social, enquanto outras destacam seu potencial enraizamento no inconsciente e em processos psicológicos mais profundos.

Também no radar desta obra, apresentarei aspectos neurológicos e os que envolvem a sociologia, a filosofia, a antropologia e a religião no universo da solidariedade. Para isso, contei com um time de especialistas das diversas áreas. Não se trata de uma obra acadêmica, mas de um livro "em saída", que estimula a pôr o pé na estrada da solidariedade e seguir nela até o fim.

Afinal, quando os homens começaram a se perceber solidários? Desde os primórdios da existência humana, desenvolvemos estruturas sociais e laços comunitários que promovem a cooperação e a ajuda mútua. Esses comportamentos solidários podem ser observados em diferentes contextos, como no cuidado com os membros mais vulneráveis, na partilha de alimentos e outros recursos para a sobrevivência e no auxílio em situações de perigo ou desastres naturais. A comoção em momentos de tragédias nos impele a termos atitudes de ajuda pontuais, mas a solidariedade tem que ser uma constante.

Ao longo da história, também houve e há exemplos de comportamentos egoístas, competitivos e até mesmo violentos entre os seres humanos: conflitos, guerras e desigualdades são evidências de que nem sempre a solidariedade tem prevalecido em nossa caminhada. Será que evoluímos para o lado errado?

Originada no francês – *solidarité* –, solidariedade significa se identificar com o sofrimento do outro e, principalmente, se dispor a ajudar a solucionar ou amenizar o problema.*

---

* SOLIDARIEDADE. In: MICHAELIS, *Dicionário Online Brasileiro da Língua Portuguesa*. São Paulo: Melhoramentos, 2024. Disponível em: https://michaelis.uol.com.br/modernoportugues/busca/portugues-brasileiro/solidariedade/. Acesso em: 10 jun. 2024.

Pessoas podem ser solidárias, comunidades podem ser solidárias, cidades e países também. Vejamos o exemplo mais recente que abalou a vida dos nossos irmãos gaúchos e mobilizou pessoas não somente no país, mas no mundo, para garantir o mínimo em vista da sobrevivência de um Estado devastado pelas águas da maior enchente de sua história!

Papa Francisco tem falado muito sobre a importância de nos unirmos e de olharmos uns para os outros com mais fraternidade, pois dependemos uns dos outros; quer estejamos perto ou longe, compartilhamos o mesmo mundo. Ele diz: "Uma sociedade é tanto mais humana quanto melhor souber cuidar dos seus membros frágeis e atribulados, e o fizer com uma eficiência animada por amor fraterno. Tendamos para esta meta, procurando que ninguém fique sozinho nem se sinta abandonado... Uma sociedade egoísta é infeliz e se reduz a uma soma de indivíduos que defendem a todo custo o que têm".

Graças à generosidade e ao desprendimento de pessoas que desejam fazer o bem, e que colocam a serviço do outro seus dons e *expertise*, é que galgamos alguns degraus em direção a uma sociedade mais humanitária.

Vi com alegria que a pesquisa sobre voluntariado,* divulgada em 2022, confirmou que é a solidariedade que move a maioria dos voluntários. O levantamento mostrou ainda que, ao serem questionados sobre a satisfação com a atividade realizada, a nota média atribuída pelos voluntários foi de 9,1 (de um total de dez). Gerar

* Voluntariado no Brasil 2021. IDIS-DATAFOLHA, 2022. Disponível em: https://www.idis.org.br/publicacoesidis/pesquisa-voluntariado-no-brasil-2021/. Acesso em: 10 jun. 2024.

impacto social faz bem para todos! O que cada um faz, por pouco que seja, importa de fato, não é só retórica. Penso, neste momento, no verdadeiro voluntariado, que serve a quem precisa e que tem como palavra-chave em sua missão o compromisso. A doação de si mesmo é um tesouro que podemos encontrar em nosso coração e devemos ficar atentos para não o jogarmos fora.

Pensar nos outros e ter atividades sociais de impacto na transformação de vidas já fazem parte da rotina de muitas empresas. Aos poucos, o mundo dos negócios entende que é importante pensar: "Bom, eu já cheguei aqui. Como faço para trazer mais gente para esse lugar de dignidade?". E não estou falando de deixar ninguém rico da noite para o dia, nem de distribuir milhões todos os dias em cada esquina. Falo de ações simples e necessárias voltadas a uma melhoria possível na vida de tantos que são marginalizados. Algum de vocês que está lendo estas linhas duvida de que a vida diária está cheia de pequenas realidades que podem ser transformadas em campo fértil para boas ações?

É mais do que urgente que nos tornemos operários intrépidos e apaixonados do diálogo com pessoas que estão em diferentes situações de abandono, e que façamos chegar às esferas governamentais nossas ideias de políticas públicas orientadas para o bem-estar de todos.

Em minha caminhada no Terceiro Setor, estou intensificando a participação como conselheira em órgãos públicos, tentando contribuir com ideias para a melhoria das condições de vida das pessoas com deficiência, em municípios da Grande São Paulo. Atualmente, faço um trabalho conjunto com o Instituto Sophia Vercelli (Osasco). De reunião em reunião nas várias secretarias municipais, o importante é ver as ações em prol das diversas comunidades sendo colocadas em pauta. Algumas ainda estão engatinhando, mas a relevância de já estarem em pauta é indiscutível. É preciso que os projetos suscitados pelas populações vulneráveis virem ações efetivas, sem tantos anos de demora. Olhando para cada pessoa que tem a missão de tocar projetos sociais, vejo que há o desejo sincero de tornar factível uma vida melhor para mais e mais pessoas.

Em suma: em vez de dividir, que tal partilhar? "Quanto mais compartilhamos, mais temos", disse a ativista africana Leymah Gbowee, encarregada de organizar o movimento de paz que colocou fim à Segunda Guerra Civil da Libéria em 2003. Aqui cabe dizer que há tarefas muito menos complicadas que não empreendemos por pura falta de motivação. Temos que acordar do sono profundo do egoísmo e ver o mundo à nossa volta como se fosse uma única casa, um único barco. Nas tempestades, seremos mais fortes se nos enxergarmos como iguais.

Termino dizendo que depende de mim e de você, sim, protagonizar ações que possam espalhar a solidariedade pelo mundo!

Acreditem: pequenas atitudes do bem têm uma grandeza insuspeitada, pois o amor nos torna capazes de abdicar dos nossos próprios desejos para contribuir – a partir de uma entrega desinteressada – com o crescimento de quem precisa do nosso apoio!

Vamos juntos?

A autora

SUMÁRIO

CAPÍTULO 1

INJEÇÃO DE FELICIDADE

Uma caminhada guiada pela história e pela neurociência

Como funciona nosso "cérebro social"? Isso mesmo, nossa conduta que preza o coletivo e se importa com o que acontece ao próximo e à humanidade inteira? A neurociência explica a química que desencadeia nossa empatia e compaixão, virtudes que nos levam a ser solidários. Enfim, quais são os gatilhos que nos fazem querer ajudar o próximo?

Assim como os computadores são ligados por conexões elétricas, o cérebro é ligado por conexões neurais. Vamos esmiuçar este assunto com a ajuda da neurociência, um ramo da biologia que estuda o funcionamento do sistema nervoso, englobando a estrutura, a função e o desenvolvimento deste sistema e suas relações com o comportamento, os sentimentos, as emoções e as várias outras funções mentais. Isso já indica que estamos falando de um ramo multidisciplinar da biologia que combina, entre outras matérias, fisiologia, anatomia, biologia molecular, modelagem matemática e psicologia; tudo isso para entender as propriedades fundamentais dos neurônios e dos circuitos neurais. Portanto, a neurociência é o campo em que, cada vez mais, se encontram as bases orgânicas dos fenômenos psíquicos e das doenças neurológicas.*

A neurociência deu um salto gigantesco com o surgimento de tecnologias auxiliares da medicina como a ressonância magnética funcional: um exame de imagem que tem a capacidade de avaliar a atividade cerebral durante uma ação específica como rezar, cantar, nos momentos de dor, de alegria etc. Com este exame, ficou mais clara a compreensão de como determinados hábitos e atitudes interferem no funcionamento e, inclusive, na estrutura cerebral do ser humano, que tem o cérebro dividido em dois hemisférios: direito e esquerdo, conectados pelo córtex cingulado. Esta região é relacionada à regulação do humor e das emoções, sendo responsável, por exemplo, pela percepção da dor, além de estar associada a funções como a empatia e a compreensão das interações sociais, interações estas que constituem uma condição indispensável para o desenvolvimento e construção das sociedades. Por meio dos processos interativos, o ser humano se transforma em um sujeito social.

O **córtex pré-frontal** (imagem a seguir) está localizado na região da testa, sendo uma das áreas mais complexas e desenvolvidas no cérebro humano em comparação com todas as outras espécies existentes na Terra, estando ligada a uma capacidade singular de autorregulação emocional.

---

* ABCMED, 2019. *Neurociência – o que ela estuda?* Disponível em: https://www.abc.med.br/p/1341908/neurociencia-o-que-ela-estuda.htm. Acesso em: 10 jun. 2024.

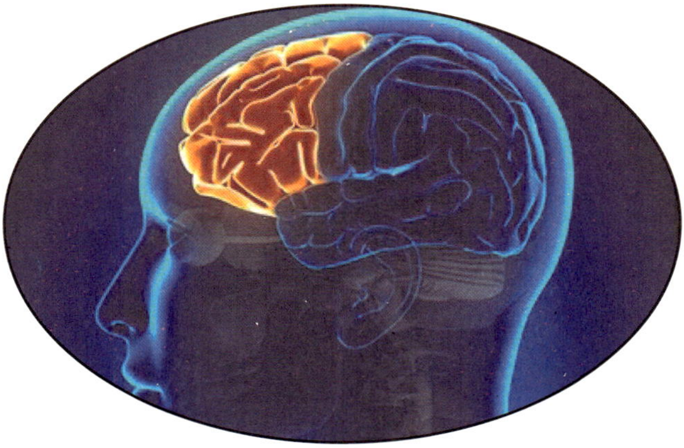

UM POUCO DE HISTÓRIA

Embora o conceito de solidariedade possa ter sido expresso de maneiras diferentes em diversas culturas e épocas, os seres humanos têm demonstrado empatia e compaixão uns pelos outros desde tempos remotos. Sim, a preocupação com o próximo existia antes de Cristo, explicitada desde o início da humanidade, formatada na Lei de Moisés – enfatizando a importância da justiça social, do cuidado com os necessitados e de dar esmolas aos pobres – e consolidada entre os que caminham na vida sabendo que nós, seres humanos, somente vivemos de forma saudável se convivermos em sociedade. Homens e mulheres solidários têm sido presentes em várias populações e culturas ao longo da história.

Muitas civilizações antigas tinham valores que enfatizavam a relevância de cuidar e oferecer ajuda sempre que um olhar lançado fora de si mesmo apontava a vulnerabilidade do outro. Nas civilizações da Mesopotâmia, havia a prática de oferecer assistência aos órfãos, viúvas e pobres. Os reis frequentemente eram vistos como protetores dos fracos e dos oprimidos. No Antigo Egito, o conceito de justiça e bondade social era enfatizado nas leis e códigos estabelecidos. Na Grécia e Roma antigas, havia indivíduos ricos que doavam recursos para construir instalações públicas, como teatros, banhos e templos, para o benefício da comunidade.

Com o Cristianismo, seus ensinamentos sobre amor ao próximo, compaixão, ajuda aos pobres e atendimento aos necessitados, foi reforçado ainda mais o valor da solidariedade na cultura ocidental, o que influenciou a forma como a caridade e a benevolência são praticadas até os dias atuais.

Portanto, a solidariedade é uma parte intrínseca da natureza humana e tem raízes ancestrais.

NEUROCIÊNCIA E SOCIOLOGIA

Bem, voltando às ciências, os estudos sobre o sistema nervoso precisam do auxílio da sociologia para explicar o amor ao próximo.

O que é conviver? Ter convivência é viver com outrem, relacionar-se, de acordo com o dicionário Michaelis. Uma frase famosa sempre me vem à cabeça quando falo sobre a convivência: "nenhum homem é uma ilha". A máxima parece ter dois donos: o filósofo inglês Thomas Morus e o poeta inglês John Donne, contemporâneo de Shakespeare. O importante é que o pensamento nos leva a considerar que nós, seres humanos, somos sociais e com vocação a vivermos em convívio com nossos pares. Dessa forma, é difícil pensar em alguém que viva sem se importar com o andar da carruagem do mundo.

Aqui me lembro de uma outra frase marcante, a do engenheiro Yojiro Takaoka, que criou, com o sócio Renato Albuquerque, um dos bairros mais icônicos do Brasil: Alphaville. Ele disse: "Você não pode crescer sem que os outros também cresçam à sua volta. Só dessa forma você se sentirá realmente realizado". A empatia de Takaoka é mais do que uma mera vontade de fazer sua parte para ajudar o outro, que, diga-se, todo homem e mulher poderiam ter; mas essa virtude deveria ser vista, na verdade, como condição fundamental para nossa sobrevivência harmoniosa neste mundo. É bom pensarmos que, se nós não cuidarmos dos outros, pode ser que ninguém cuidará da gente quando precisarmos.

DA HISTÓRIA À EXPERIÊNCIA

Se a primeira parte deste capítulo parece um tanto técnica e histórica demais, para falar sobre a relação da neurociência com a solidariedade, trago a sabedoria de Giuliana Preziosi, sócia-diretora da Conexão Trabalho,* que se declara uma pessoa apaixonada por comportamento humano. Ela tem uma pergunta latente na vida: o que nos move? Giuliana se formou em comunicação e marketing, fez mestrado e MBA em Gestão para Sustentabilidade pela FGV, área na qual atua há mais de 20 anos, e tem pós-graduação em neurociência e comportamento. Além disso, vejam só, Giuliana fez especialização em Ciência da Felicidade na Universidade da Califórnia em Berkeley, um dos centros acadêmicos que mais respiram inovação no mundo! Reunindo suas experiências, Giuliana já treinou quase 8 mil pessoas para promover mudanças sociais nas comunidades locais por meio de ações sociais. Vamos ouvi-la.

* Conexão Trabalho – Consultoria especializada em projetos sociais por meio da inovação. Disponível em: https://conexaotrabalho.com.br.

"Quando olhamos do ponto de vista evolutivo, o ser humano primeiro desenvolveu um instinto de sobrevivência básico: eu preciso cuidar de mim e fazer o máximo para continuar vivendo. Então, o homem percebe que, para isso acontecer, precisa se reunir com seus pares para ter mais chances contra o predador. Para esse grupo se consolidar e fazer sentido, veio um outro elemento importante do ponto de vista da evolução que é a nossa arte de contar histórias, porque, assim, achamos uma 'cola' que nos une como iguais. Em grupos, com histórias que formam culturas, começamos a descobrir o poder que existe nessa união. Quando trazemos para o mundo moderno, isso permite a construção de comunidades que viram, juntas, uma sociedade.

Nosso cérebro entende o quanto fazer parte de um grupo é significativo, entende o impacto e o valor de pertencermos a um círculo de pessoas que caminham na mesma direção."

RAZÃO E EMOÇÃO

"Sempre me perguntei, em busca de uma resposta objetiva, o que nos move quando pensamos em colaborar, empreender uma ação, tomar uma decisão, enfim, o que nos leva a fazer algo. E a resposta da neurociência é muito simples: são nossas emoções, pois elas têm um peso muito grande sobre quem nós somos.

Platão dizia que nossos desejos e temores nos impediam de pensar, como se houvesse um conflito entre razão e emoção. No entanto, nós somos o que somos por sermos seres emocionais, emoção faz parte da razão e vice-versa."

Antes de prosseguirmos com os ensinamentos de Giuliana Preziosi, vamos definir razão e emoção.

- **Razão** é a faculdade de raciocinar, apreender, compreender, ponderar, julgar; é a inteligência.
- **Emoção** é uma reação a um estímulo relacionado com algo que "mexeu" com você, podendo provocar uma sensação agradável ou desagradável.

Continuando...

"Razão e emoção estão integradas no funcionamento do nosso cérebro. E a emoção tem um papel significativo em várias coisas: uma delas é que a emoção é quase um marcador de valência das nossas experiências, pois, de todas as situações que vivemos, nós temos mais emoção naquilo que foi mais intenso. Se vivemos um momento muito alegre ou muito triste, aquela emoção intensa tem um grande valor em nossa vida e na memória. Tanto é verdade que nós nos lembramos sempre mais daquilo que foi forte, de grande intensidade em nossa vida.

Quando pegamos marcos históricos como o 11 de setembro, por exemplo, é provável que eu lembre o que eu estava fazendo naquele dia. Mas eu não vou lembrar o que comi na semana passada. Eu não estava lá em Nova York, mas foi algo assolador que aconteceu no mundo e mexeu com todos que tomaram conhecimento daquele fato sendo transmitido ao vivo pela TV. Por óbvio, os grandes acontecimentos de nossa vida particular igualmente trazem emoções fortes atreladas. O dia da perda de um ente querido ou um dia em que fiz algo sensacional, consegui ultrapassar um desafio, eu vou me lembrar disso sempre, ou seja, a emoção marca memórias e tem um impacto nas minhas tomadas de decisão. Isso porque cada um

de nós vai coletando essas emoções que são transformadas em experiências, determinando as nossas ações ao longo do tempo a partir de tudo que cada um de nós viveu. Eu vou fazer A ou B? Depende daquilo que vai me trazer mais satisfação dentro do que eu já vivi e da minha bagagem. A emoção também destaca tanto o erro quanto o acerto, porque quando eu acerto, tenho aquela sensação de euforia e vou querer fazer de novo. Mas quando eu erro, isso fica marcado também. O erro gera frustração, talvez uma culpa, então, eu digo: não quero fazer isso de novo."

Em resumo: somos seres sociais, o grupo nos alimenta, pois temos essa necessidade do relacionamento com o outro, e o que nos move são as emoções.

ONDE ENTRA A SOLIDARIEDADE?

"Quando temos bem marcado em nossa mente que 'poxa, relacionamento é superimportante para nossa vida, a gente não vive sozinho', isso nos impulsiona a olhar em volta. Ao longo da vida, cultivamos relacionamentos com a família, colegas de trabalho, vizinhos etc. Entretanto, a solidariedade nos dá a oportunidade de nos relacionarmos também com outras pessoas que, às vezes, nem conhecemos, e isso alimenta uma química em nosso cérebro muito importante e muito poderosa na sensação de bem-estar e de felicidade, porque estamos compartilhando e nos conectando com outras pessoas, gerando emoções com outras pessoas; e, de uma forma, essa convivência traz uma relevância importante para minha vida e para a do outro. Os relacionamentos com os outros somam na minha vida em um sentido muito poderoso: eu

não preciso necessariamente ser uma amiga de longa data de alguém e fazer algo por esse alguém, pode ser uma pessoa que eu conheci hoje, com quem eu tive essa conexão que me alimentou e me trouxe uma sensação de euforia e bem-estar, e vice-versa.

Isso é um boom *no cérebro! É como se fosse uma injeção de felicidade!*

Esse fato pode acontecer de forma pontual, se faço isso eventualmente. No entanto, se eu me engajar, se eu me tornar um voluntário ou um doador recorrente de uma organização da sociedade civil, essas atitudes vão me trazer uma série de emoções positivas, porque eu estou tendo essa troca, e essas emoções positivas, na sua soma, vão me trazer uma sensação de bem-estar e felicidade."

FELICIDADE E SOLIDARIEDADE ANDAM DE MÃOS DADAS

"O fato de sermos seres emocionais e conseguirmos ter conexões com outras pessoas contribui para que tenhamos impactos positivos e significativos em nossa vida. Existe um estudo da Universidade de Harvard que diz que, quando doamos para outras pessoas e pensamos no outro, experimentamos uma felicidade mais intensa do que quando gastamos com nós mesmos. Isso porque, quando a pessoa doa, ela ativa regiões do cérebro associadas ao prazer; e prazer tem a ver com neurotransmissores e hormônios. A dopamina ativa o sininho do binômio prazer/recompensa, ou seja, fazemos algo e dizemos:

— Isso foi legal!

E a dopamina manda um sinal para o cérebro que diz:

— Faça de novo porque isso foi bom para você!

Tudo isso aumenta o prazer, a conexão social e a confiança, o que cria um efeito chamado de warm glow *– em português, brilho* *caloroso – que é essa sensação de ter ajudado alguém, de ter feito um bem para o outro. É essa química que acontece no nosso cérebro.*

Aqui é preciso explicar que, quando falamos do cérebro, chamamos de neurotransmissor e, quando falamos do corpo, chamamos de hormônio. Então, a dopamina, por exemplo, é um neurotransmissor, mas também pode ser um hormônio quando se integra ao corpo porque tem uma relação com o sistema motor.

Outro neurotransmissor que é muito legal, quando falamos de solidariedade, é a ocitocina, conhecida como hormônio do amor, porque ela é liberada no sexo, no parto, na amamentação. É conhecida assim porque traz muito à tona nossa relação com o outro. É gerada no abraço, no beijo, no carinho. E a ocitocina também é muito presente quando nós fazemos uma doação de tempo, dinheiro, talento... Isso porque, quando doamos ou fazemos algo por alguém, estamos colocando um carinho ali, uma intenção de ajudar, e existe essa troca. A ocitocina é um dos neurotransmissores cuja duração é maior em nosso cérebro, portanto, sentimos esse efeito positivo por mais tempo, e tem ainda um efeito contagiante, ou seja, essa relação de troca também vai reverberar na outra pessoa, pois é uma relação mútua. Podemos exemplificar esse contágio: ver o exemplo de uma ação voluntária contagia e toca muitas pessoas, existe esse espelhamento da sensação boa, dessa troca positiva. E a ocitocina, quando é liberada, também vem junto com a dopamina – que traz a questão da recompensa, do prazer – e com a serotonina, o neurotransmissor do humor; claro que aqui estamos falando do bom humor, já que a sensação transmitida é boa. Então, toda essa química é muito positiva e muito poderosa para todos nós. O simples fato de eu ajudar e doar vai provocar essas reações do bem em nosso organismo.

Há estudos que comprovam que, quando a pessoa tem essas atitudes de uma forma um pouco mais frequente, ela tem melhora na saúde, como redução de estresse, qualidade do sono e, inclusive, uma redução da possibilidade de desenvolver depressão, porque está sendo gerada uma série de valências positivas, coisas que alimentam essa pessoa do lado bom, do lado da troca. Essas conexões positivas são maravilhosas para nossa saúde mental também por nos ajudar a trabalhar nossa mente conosco mesmos, para podermos ser pessoas melhores e olharmos para o mundo de uma forma melhor também, com mais esperança. E se o ser humano precisa dessa troca com o outro, temos que fazer com que ela seja sempre boa. Isso porque, claro, nem sempre as relações de troca com o outro são positivas; às vezes, discordamos e brigamos em vez de coadunarmos o que nos une, desaparecendo, assim, a valência positiva.

Então, sabemos que, quando nós nos solidarizamos, o fazemos porque isso traz um bem para nós mesmos no final das contas. Esse é o motivo pelo qual há um incremento duradouro em nossa felicidade se formos solidários de maneira periódica. Muitos e muitos não têm noção do quanto esse impacto é importante para a sua própria vida, o quanto que o simples fato de eu ajudar alguém pode mudar a própria pessoa. No outro, essa química está 'rolando' também, mas, dentro de nós mesmos, está acontecendo uma série de conexões muito fortes."

A GRATIDÃO

"O sentimento de gratidão em nosso cérebro é muito forte e é parte da nossa felicidade. Falar de bem-estar e de qualidade de vida tem muito a ver com o quanto praticamos gratidão. Tanto que é

muito comum quando fazemos uma ação de voluntariado nos sentirmos, nós mesmos, mais gratos por podermos empreender um bom gesto do que pessoa que recebeu esse gesto de ajuda. Você pensa:

— Poxa, foi tão legal para mim e me fez um bem enorme ter ajudado tal e tal pessoa!

Essa gratidão intrínseca nos move a fazermos mais e mais.

Também vale falar que o impacto vai ser maior ou menor no nosso cérebro dependendo da magnitude do evento do qual estamos participando. Exemplo: se eu estou só doando um agasalho, isso está gerando gratificação; se hoje eu doo um agasalho, amanhã, comida, depois de amanhã, dinheiro etc., isso tudo está retornando para mim em forma de gratidão e bem-estar, claro. Mas se eu doei o agasalho e, no dia seguinte, fui conhecer aquela pessoa ou aquela família que foi beneficiada com meu gesto, tudo isso vai aumentando a intensidade, o tamanho dessa solidariedade praticada e de suas consequências positivas na minha vida. Estar presente fazendo essa troca de emoções, criando essas conexões, no caso de conhecer a pessoa que estou ajudando, não é a mesma coisa do que só colocar o agasalho na caixa de arrecadação. Não estou menosprezando isso, mas é que o impacto fica mais significativo quando eu tenho essa relação mútua, quando eu invisto meu tempo e meu talento e pratico voluntariado.

Mas isso não se dá somente nas relações de voluntariado. Podemos falar também das gentilezas contidas em ações de cidadania, ou seja, você fazer uma coisa gentil para outra pessoa, o que também gera emoções positivas. Não precisa ser necessariamente uma pessoa em situação de vulnerabilidade, pode ser sua colega de trabalho que precisa de um abraço, por exemplo; o importante

é perceber que está doando algo de seu para o outro e que os dois estão se beneficiando com essa troca."

HABILIDADE DA EMPATIA

"Por que sentimos empatia, por que nós conseguimos nos colocar no lugar do outro, sentir a dor do outro? Essa qualidade é inerente ao ser humano e há uma explicação científica para isso: os neurônios-espelho."

Aqui, mais uma vez, faremos uma pausa no pensamento de Giuliana para explicar como agem os neurônios-espelho.

Quando observamos uma pessoa realizando um ato de gentileza como, por exemplo, oferecer uma flor para alguém, imediatamente compreendemos essa atitude. Da mesma forma, se presenciamos um ato de agressividade, identificamos a expressão de raiva instantaneamente. Ao passo que no primeiro caso sentimos prazer e nosso comportamento é de aproximação; no segundo, sentimos desprazer e nossa atitude é de aversão. Essa capacidade de empatia, ou seja, de reconhecimento da emoção alheia, é uma característica altamente adaptativa ligada à sobrevivência da espécie.

Antigamente, pensava-se que essa capacidade de reconhecimento era decorrente de um processo puramente cognitivo, isto é, observaríamos a expressão facial e corporal do interlocutor e, dadas suas características, poderíamos deduzir de qual emoção se tratava por meio de um processo lógico. No entanto, hoje se sabe que essa compreensão ocorre devido à existência de um sistema neural específico denominado neurônio-espelho. Não se trata de um processo dedutivo, mas da capacidade de compreensão imediata da experiência emocional do outro, porque identificamos a mesma experiência em nós mesmos. Trata-se, portanto, de um processo de ressonância. Compreendemos a ação do outro de modo automático como se ele fosse nós mesmos.*

Será que algumas pessoas não são solidárias porque não têm essas conexões cerebrais?

> ***"Não necessariamente, pois todos temos. Todos os hormônios têm uma gama de funções, sendo essa da recompensa pela solidariedade prestada apenas uma delas. Eu posso gerar endorfina com exercício físico, por exemplo. O que acontece é que as pessoas que nunca se envolveram com o voluntariado ou com as doações ou não sentiram que valeu a pena aquilo que elas fizeram, não quiseram mais fazer isso e a vida as levou para outro caminho. Só quem faz e está aberto para descobrir que a solidariedade agrega valor no seu dia a dia vai querer fazer mais e mais ações solidárias. Aqueles que participam das missões de ajuda no mundo inteiro, por exemplo, vão se realimentando dessas boas atitudes em relação ao outro. Isso tudo vai muito de cada um e depende de como a pessoa enxerga o outro em sua vida. Tem gente que tem dificuldade de relacionamento, dificuldade de se conectar com outras pessoas, se beneficiando das conexões cerebrais de outra forma, ou não se beneficiando de fato."***

O QUE TE MOVE NO MUNDO DA SOLIDARIEDADE, GIULIANA?

> ***"Eu trabalho com sustentabilidade há mais de 24 anos, quando ainda os termos usados eram responsabilidade social***

* BERTINI, Edna. *Neurônios-espelho e empatia*. Jornal da PUC-SP, 2017. Disponível em: https://j.pucsp.br/artigo/neuronios-espelho-e-empatia. Acesso em: 12 jun. 2024.

e filantropia, mas eu fui me encantando pelo desafio de fazer as pessoas enxergarem que existem problemas sistêmicos na sociedade e que é urgente que façamos alguma coisa. Eu sempre atuei no meio empresarial, que era mais desafiador ainda, porque naquele tempo não existia o termo ESG e, mesmo depois de seu surgimento em 2004, não era uma pauta tão popularizada. Então, eu sempre pensava muito: como é que eu mostro que vivemos neste mundo que tem mudanças climáticas, recursos escassos, desigualdade? Isso fez com que eu fosse atrás de estudar engajamento. Claro, tinha que entender a pauta, mas começava no 'engajar' as pessoas. Porque trabalhando com sustentabilidade, percebi que, no fundo, o que era importante era atrair as pessoas para que elas abrissem a mente para tudo o que estava acontecendo e para tudo que elas poderiam fazer no seu ambiente de trabalho e na sociedade como um todo para melhorar o mundo em que vivemos. Como sou formada em Comunicação Social, essa busca por engajamento sempre fez parte do meu repertório. Foi a partir disso que fui atrás de estudar neurociência. Sim, precisamos engajar, mas como o funcionamento do nosso cérebro pode ajudar ou dificultar esse processo?

Em suma, o que me move é inspirar pessoas a voltarem seu olhar para a solidariedade e tudo o que precisa ser feito no mundo, acordar para as questões que afetam nossa vida no planeta. Quero poder inspirar pessoas, mostrar que existe algo muito grande do qual fazemos parte, mas que cabe a nós, enquanto humanidade, tomar atitudes para melhorar o que está fazendo mal às pessoas. Cada um de nós precisa entender qual é o seu papel no mundo, o que cada um veio fazer aqui,

seja na família, no trabalho, ou na comunidade. A solidariedade tem que fazer parte de tudo e todos, quer sejam advogados, arquitetos, comunicadores, médicos, pois tudo depende de como cada pessoa olha para o mundo e como atua na sua profissão. Tem que fazer sentido para cada um se reconhecer como parte desse caminho de solidariedade que melhora a vida de todos e entender como pode contribuir.

Acredito que estamos muito doentes no que tange ao relacionamento humano, porque nos esquecemos de que fazemos parte de um todo e que estamos no mesmo barco."

VIAGEM E OBSERVAÇÃO

"Eu fiquei um tempo no meio corporativo cuidando da área de sustentabilidade e, em 2014, resolvi fazer uma volta ao mundo, que foi bem significativa na minha vida. Foram 530 dias viajando com o intuito de analisar e compreender os dilemas socioambientais que desafiam a humanidade em vários continentes. No papel de observadora, o objetivo era entender o contexto local e os dilemas socioambientais envolvidos em cada lugar. Passei por 37 países e mais de 229 cidades."

Giuliana conta que uma das viagens mais significativas em sua volta ao mundo foi ao Butão, onde ela descobriu, entre outras coisas, que felicidade pode ser simplesmente ter um vizinho legal, uma família sólida, bons relacionamentos, viver em um lugar legal e fazer o que tem que ser feito para melhorar a vida de todos.

Vamos deixar que ela mesma conte tudo sobre essa viagem no artigo a seguir, que ela escreveu para a Revista *Plurale*.

BUTÃO, A TERRA DA FELICIDADE*

"Antes de conhecer o Butão, estava curiosa para entender como é a vida em um país que mede seu desenvolvimento com um Índice de Felicidade Interna Bruta. Cheguei ao aeroporto toda ansiosa querendo saber mais sobre isso, e um guia me perguntou: 'O que é felicidade para você?'.

Em 1972, o 4º Druk Gyalpo declarou que a métrica para medir o progresso do país seria o GNH (Gross National Happiness) *ou FIB (Felicidade Interna Bruta). Ele acreditava que, dentro de um período de cinco anos, se seu povo não fosse mais feliz do que antes da implementação do índice, seu plano teria falhado. A métrica foi sendo aprimorada e um conjunto de indicadores mais preciso vem sendo usado desde 2008.*

E aí vem a pergunta: Como medir felicidade? O GNH possui uma abordagem multidimensional que visa atingir o equilíbrio entre as necessidades atreladas ao bem-estar material, espiritual, emocional e cultural presentes na sociedade. O conceito é pautado na crença de que felicidade pode ser alcançada por meio do equilíbrio das necessidades do corpo e da mente, em um ambiente seguro e tranquilo, diferentemente do sentimento momentâneo que experimentamos quando algo bom acontece, pois é passageiro.

O GNH tem quatro grandes pilares e resolvi aproveitar nossa viagem para observar como estes pilares influenciam o modo de vida no Butão.

O primeiro pilar é o Desenvolvimento Sustentável. Com um conceito tão complexo e abrangente como este, perguntei ao nosso

* PREZIOSI, Giuliana. *Butão, a terra da felicidade*. Revista Plurale. Disponível em: https://www.giulianapreziosi.com.br/index.php/em-pauta/artigos/item/30-butao-a-terra-da-felicidade. Acesso em: 12 jun. 2024.

guia o que era considerado desenvolvimento sustentável para o Butão, e ele me respondeu explicando que o Rei dá cinco hectares de terra para cada cidadão butanês e cabe a cada um construir sua casa, plantar sua comida, cuidar de seu espaço e seguir sua vida. O governo providencia o básico e dá condições para que todos tenham acesso ao necessário, mas o esforço para manter o que é seu e crescer depende de cada um.

A educação e assistência médica são gratuitas e oferecidas para todos. No entanto, para entrar na universidade, por exemplo, ou conseguir uma bolsa de estudos fora do país, o aluno passa por um teste e precisa ter uma nota mínima para ser aceito.

O segundo pilar é a Preservação e Promoção da Cultura. Desde seu modo tradicional de se vestir até os festivais que ocorrem todos os anos em diferentes cidades; este item é fascinante de ser observado. Há muitos festivais no Butão e praticamente cada distrito tem o seu, mas cada um ocorre em uma época diferente do ano.

Conservação do meio ambiente é o terceiro pilar. Segundo dados do Climate Action Tracker*, as emissões de GEE (gases de efeito estufa) do Butão são desprezíveis. Mesmo com as progressões que indicam aumento das emissões ao longo do tempo devido ao crescimento econômico, o país investe em se tornar carbono neutro. Claro que é um país pequeno, com apenas 700 mil habitantes, mas há cidades com menos do que isso que têm uma pegada de carbono muito maior. Além disso, o espírito comunitário dá o exemplo, pois é comum organizarem mutirões de limpeza em suas vilas. A matriz energética do país é hidráulica e, também, a principal fonte de renda do país, pois exportam energia para a Índia e para o Nepal.*

Tivemos a oportunidade de visitar a 1ª Royal Bhutan Flower Exhibition. *Para comemorar o aniversário de 60 anos de seu pai, o Rei organizou essa exposição com objetivo de promover a aprendizagem e o envolvimento com a natureza, além de encorajar a criação de mais espaços verdes em áreas urbanas, e olha que não faltam espaços verdes por todo o país.*

O quarto pilar é a "Boa Governança", e esse é um exemplo que vários governos deveriam imitar. Apesar de ser uma monarquia, as decisões são tomadas de forma bastante democrática. Duas vezes por ano ocorre a Assembleia Nacional, quando o Rei, o Primeiro-Ministro e o Parlamento se reúnem para discutir o andamento do país. Toda Assembleia, que tem duração de um mês, é transmitida pela TV local e as pessoas realmente acompanham, porque no final do dia, um dos parlamentares vai em um programa de televisão do canal local para uma entrevista aberta na qual as pessoas podem ligar fazendo perguntas e comentários sobre o que está sendo discutido. Se algo causa descontentamento da população, o assunto volta para discussão.

Todas as pessoas que conversamos amam o seu jovem Rei, que tem apenas 35 anos, e o veem como um grande líder, seguindo o exemplo de seu pai. Algumas pessoas nos contaram que o Rei não para em seu gabinete, pois está sempre circulando pelo país, visitando os vilarejos, as cidades, e conversando com as pessoas para ver os pontos a serem melhorados em seu governo. É comum encontrar quadros do Rei e da família real em todos os lugares.

Os quatro pilares se desdobram em nove princípios, que são a base para os indicadores do GNH. Uma pesquisa é feita anualmente para mensurar esses indicadores e avaliar o desenvolvimento do país.

Os nove princípios do Índice de Felicidade Interna Bruta no Butão são:

1. *Padrão de vida.*
2. *Educação.*
3. *Saúde.*
4. *Diversidade cultural e resiliência.*
5. *Vitalidade da comunidade.*
6. *Uso e equilíbrio do tempo.*
7. *Bem-estar emocional.*
8. *Vitalidade e diversidade do ecossistema.*
9. *Boa governança.*

Conhecer o Butão foi diferente de qualquer viagem que já tínhamos feito. Lá, vimos: trabalhadores contentes com seu trabalho, famílias reunidas se divertindo, pais educando seus filhos, pessoas com orgulho do governo do país, crianças rindo e brincando, mesmo sem entender o que falávamos, jovens compenetrados em seus estudos e orgulhosos de mostrar o que estavam aprendendo, monges atenciosos e simpáticos, voluntários ajudando na organização do festival, jovens da comunidade auxiliando os policiais (com jaquetas dizendo "Amigos da Polícia"), pessoas fazendo mutirão para limpar o lixo das ruas, idosos sempre nos cumprimentando com um sorriso, ruas sem semáforos com o trânsito funcionando muito bem, pessoas trabalhando

arduamente nas plantações de arroz, mas com um sorriso no rosto disposto sempre a dizer um 'olá', orgulho e valorização da cultura local, respeito ao meio ambiente, fé e espiritualidade. E, agora, pergunto: O que é felicidade para você?"

A seguir, veja trechos de um artigo feito por Christine Carter, da UC Berkeley, que vale ser citado quando o assunto é a relação da felicidade com a solidariedade.

*O que recebemos quando doamos**

"Se você faz uma coisa boa para alguém sabendo que colherá algum benefício para si mesmo, ainda é uma boa ação? E se a sua principal razão para o fazer forem os benefícios que isso lhe trará?

Os pesquisadores passam muito tempo debatendo se qualquer ato altruísta é realmente altruísta porque nos beneficiamos muito quando somos gentis com os outros. Penso em bondade até com o riso: podemos estar rindo porque queremos que outra pessoa se sinta bem com a piada, mas principalmente rimos porque nos sentimos bem. Assim como o riso, a gentileza é um ótimo hábito de felicidade, bom tanto para o nosso bem-estar físico quanto emocional.

Cerca de metade dos participantes de um estudo relatam que se sentem mais fortes e com mais energia depois de ajudar os outros; muitos também relataram sentir-se mais calmos e menos deprimidos, com sentimento de autoestima aumentado. Este é provavelmente um 'barato' literal, semelhante a um barato induzido por drogas: por exemplo, o ato de fazer uma doação financeira aciona

---

* Artigo publicado na *Greater Good Magazine*, da UC Berkeley.

o centro de recompensa em nossos cérebros, que é responsável pela euforia mediada pela dopamina.

A bondade nos faz felizes. O trabalho voluntário reduz substancialmente os sintomas de depressão; ajudar os outros e receber ajuda está associado à redução da ansiedade e da depressão.

Isso pode ser especialmente verdadeiro para os mais jovens. Adolescentes que identificam como principal motivo ajudar os outros são três vezes mais felizes do que aqueles que carecem dessa motivação altruísta. Da mesma forma, os adolescentes que estão doando também são mais felizes e ativos, envolvidos, entusiasmados e engajados do que seus colegas. O comportamento generoso reduz a depressão adolescente e o risco de suicídio, e vários estudos mostraram que os adolescentes que se voluntariam têm menos probabilidade de reprovação em uma matéria na escola, engravidar ou usar drogas. Os adolescentes que se voluntariam também tendem a ser mais competentes socialmente e têm maior autoestima.

Portanto, se queremos criar filhos felizes e saudáveis, uma das melhores coisas que podemos fazer é ensiná-los a serem gentis. Precisamos pensar em bondade e generosidade como uma habilidade que ensinamos às crianças e praticamos com elas."

Vamos conhecer agora os nomes de alguns cientistas que descobriram as preciosidades que a doação, o voluntariado e as gentilezas trazem à vida do ser humano solidário. As referências estão em um artigo escrito por Jill Suttie e Jason Marsh, também da UC Berkeley.*

* SUTTIE, Jill; MARSH, Jason. *Five ways giving is good for you*. Great Good Magazine, 2020. Disponível em: https://greatergood.berkeley.edu/article/item/5_ways_giving_is_good_for_you. Acesso em: 12 jul. 2024.

1. *O professor da Harvard Business School, Michael Norton, e seus colegas descobriram que dar dinheiro a outra pessoa aumentava a felicidade dos participantes mais do que gastá-lo consigo mesmos (apesar da previsão dos participantes de que gastar consigo mesmos os tornaria mais felizes).*

2. *Em seu livro* Why Good Things Happen to Good People, *Stephen Post, professor de medicina preventiva na Stony Brook University, relata que doar para outras pessoas demonstrou aumentar os benefícios à saúde em indivíduos com doenças crônicas, incluindo HIV e esclerose múltipla.*

3. *Doug Oman, da Universidade da Califórnia em Berkeley, descobriu que os idosos que se voluntariaram para duas ou mais organizações tinham 44% menos probabilidade de morrer em um período de cinco anos do que os não voluntários, mesmo depois de analisar fatores em comum, como idade, hábitos de exercício, saúde geral e hábitos negativos de saúde, como fumar.*

4. *Stephanie Brown, da Universidade de Michigan, obteve resultados semelhantes em um estudo de 2003 sobre casais idosos. Ela e seus colegas descobriram que os indivíduos que forneceram ajuda prática a amigos, parentes ou vizinhos, ou deram apoio emocional a seus cônjuges, tiveram um risco menor de morrer em um período de cinco anos do que aqueles que não o fizeram. Curiosamente, receber ajuda não estava associado a um risco reduzido de morte.*

5. *Em um estudo de 2006, Rachel Piferi, da Universidade Johns Hopkins, e Kathleen Lawler, da Universidade do Tennessee, constataram que as pessoas que forneciam apoio social a outras*

tinham pressão arterial mais baixa do que os participantes que não o faziam, sugerindo um benefício fisiológico direto para aqueles que se doavam.

6. *Estudos dos sociólogos Brent Simpson e Robb Willer sugeriram que, quando você dá aos outros, sua generosidade provavelmente será recompensada por outras pessoas no futuro – às vezes, pela pessoa a quem você deu, às vezes por outros. Essas trocas promovem um sentimento de confiança e cooperação que fortalece nossos laços comunitários.*

7. *O pesquisador John Cacioppo escreve em seu livro* Loneliness: Human Nature and the Need for Social Connection*: "Quanto maior o altruísmo recíproco nascido da conexão social, maior o avanço em direção à saúde, riqueza e felicidade. Além disso, quando damos aos outros, não apenas fazemos com que se sintam mais próximos de nós, também nos sentimos mais próximos deles".*

8. *Lyubomirsky escreve, em seu livro* The How of Happiness*: "Ser gentil e generoso leva você a perceber os outros de maneira mais positiva e caridosa, e isso promove maior senso de interdependência e cooperação em sua comunidade social".*

9. *Robert Emmons e Michael McCullough, codiretores do Projeto de Pesquisa sobre Gratidão, descobriram que ensinar estudantes universitários a "contar suas bênçãos" e cultivar a gratidão os fazia se exercitarem mais, serem mais otimistas e se sentirem melhores em relação a suas vidas em geral.*

10. *Barbara Fredrickson, pesquisadora pioneira da felicidade, sugere que cultivar a gratidão na vida cotidiana é uma das chaves para aumentar a felicidade pessoal. "Quando você expressa sua grati-*

dão em palavras ou ações, você não apenas aumenta sua própria positividade, mas também a de outras pessoas", ela escreve em seu livro Positivity: ***"E nesse processo, você reforça a bondade deles e fortalece seu vínculo um com o outro".***

11. ***James Fowler, da Universidade da Califórnia, em San Diego, e Nicholas Christakis, de Harvard, publicaram um estudo na revista*** Proceedings of the National Academy of Science ***que mostra que, quando uma pessoa se comporta generosamente, ela inspira os observadores a se comportarem generosamente com outras pessoas. Na verdade, os pesquisadores descobriram que o altruísmo pode se espalhar. "Como resultado, cada pessoa em uma rede pode influenciar dezenas ou mesmo centenas de pessoas, algumas das quais ela não conhece e não conhecerá".***

12. ***Paul Zak, diretor do Centro de Estudos de Neuroeconomia da Claremont Graduate University, descobriu, em estudos de laboratório, que uma dose de ocitocina fará com que as pessoas doem mais generosamente e sintam mais empatia pelos outros, com sensações que duram até duas horas. "E essas pessoas com uma alta de ocitocina podem potencialmente alavancar um círculo virtuoso, no qual o comportamento generoso de uma pessoa desencadeia o de outra", diz Zak.***

Bem, depois de todo o conteúdo deste capítulo sobre a solidariedade e a felicidade que gera em nós, quero arrematar com alguns pensamentos muito simples para suscitar reflexão:

Do que adianta só nós sermos felizes?

Sozinhos, em nosso mundinho, seremos felizes de fato?

ESQUEMATIZANDO

1. Ocitocina faz a conexão

É um hormônio frequentemente associado ao amor e à conexão social. A ocitocina é liberada durante atos de bondade, promovendo sentimentos de confiança e empatia, e fortalecendo os laços sociais.

2. A química da solidariedade

Como atos de generosidade influenciam nossa saúde e felicidade.

O impacto positivo da generosidade não beneficia apenas aqueles que recebem ajuda, mas também enriquece a vida daqueles que praticam atos de solidariedade.

3. Endorfinas - alegria de doar

São neurotransmissores que atuam como analgésicos naturais do corpo. As endorfinas são liberadas durante a prática de atos altruístas, proporcionando uma sensação de euforia e bem-estar.

4. Dopamina - a recompensa da generosidade

É um neurotransmissor ligado ao sistema de recompensa do cérebro. A dopamina é liberada durante a prática de ações que o cérebro considera gratificantes, como atos de solidariedade e doação.

5. Serotonina - o poder do humor positivo

É um neurotransmissor que regula o humor. A serotonina é liberada em resposta a estímulos positivos, incluindo a prática de atos de bondade e a expressão de gratidão.*

* @solidarizando.oficial

"Todas as obras boas são
compostas por duas partes:
o amor a Deus e o amor ao próximo."*

* Santa Hildegard de Bingen (1098–1179).

CAPÍTULO 2

A SOLIDARIEDADE DO *LIKE*

Um "joinha" resolve?

Neste capítulo, a filosofia entra na roda para falarmos sobre solidariedade.

A solidariedade é um conceito central na filosofia e no voluntariado, e há várias questões importantes relacionadas a ela. Por isso, trouxe para estas páginas a sabedoria de Rodrigo Starling, que transita muito bem entre estes dois temas. Filósofo, cofundador do Minas Voluntários, ele defende ações que transformem vidas. É dele essa "pensata" que dá nome ao capítulo.

Vamos ver com Rodrigo como o ser humano chegou à solidariedade de *likes* e como saímos disso.

"O filósofo francês Étienne de La Boétie, que escreveu um texto no século XVI intitulado* 'Discurso sobre a servidão voluntária'*, falava de uma era de cidadãos que estavam confortáveis na situação política que se impunha à época e que seriam servos voluntários. Diante disso, o que ele defendia era a possibilidade de resistir à opressão sem recorrer à violência, pois a teoria se destruiria por si mesma se os indivíduos se recusassem a consentir com sua própria escravidão.

Hoje, fazendo um contraponto, qual é a servidão voluntária? Às redes sociais e à tecnologia de alta conectividade, que se tornaram superpoderosas. Essa indústria dos dados – algoritmo, Big Data e inteligência artificial – nos deixa como servos voluntários e confortáveis, vivendo uma vida paralela nesse universo virtual. Nada contra a tecnologia, nada contra a ciência nem o virtual, mas é o velho dilema da faca que serve para preparar o alimento, mas pode ser o instrumento de um assassino para matar.

Existe um desequilíbrio no uso das tecnologias e a 'solidariedade de likes*' acontece quando há um desastre natural, por exemplo, e as pessoas se sentem bem apenas em comentar sobre o assunto em uma rede social qualquer, ou ficar restrito apenas a ir ao local do evento para fazer uma foto e postar, posando de pessoa solidária quando, na verdade, essa pessoa só quer aparecer na foto mesmo e ganhar* likes *e comentários para angariar seguidores. E para provar que o que eu estou falando não é uma fantasia, quando houve o acidente – eu chamo de crime – em Brumadinho, nós recebemos aqui em nossa organização muitos voluntários querendo ajudar, e resolvemos fazer uma pesquisa antropológica. Marcamos as entrevistas e explicamos para os voluntários divididos em dois grupos os termos da pesquisa: um grupo teria acesso ao local do acidente e poderia fotografar; o outro ficaria dentro de um galpão ajudando no que fosse preciso, mas não poderia ir ao local do acidente nem fazer fotos. Já que o desejo dos voluntários deveria ser contribuir, para muitos deveria ser indiferente ajudar no galpão ou no local. Pois é, mas a quebra foi de 90%: nove em cada dez voluntários não toparam ir para um galpão separar roupas sem poder ir ao local do acidente para tirar fotos. Signi-*

fica que o desejo principal era ter uma foto de herói para postar nas redes sociais. Eu estou trazendo isso para expor a gravidade dessa solidariedade de likes. ***Estou fazendo um estudo voltado a este tema do desequilíbrio sociedade/tecnologia e da necessidade de equilibrar essa equação de forma individual, ou seja, tentando alertar o indivíduo para o que está acontecendo, pois as regulações coletivas são mais demoradas e, no momento, existe uma primazia das plataformas digitais, que são empresas poderosas e com uma lógica de capital que é difícil de bater de frente. Mas no âmbito individual de refletir melhor enquanto cidadão, cada um de nós pode mudar essa atitude superficial desde já."***

Esse *insight* do filósofo Rodrigo Starling é fundamental para discutirmos a solidariedade autêntica. A pesquisa feita pela Minas Voluntários revela a busca por reconhecimento virtual em detrimento da ajuda desinteressada. A "solidariedade de *likes*" representa uma superficialidade na forma como as pessoas expressam apoio, limitando-se a interações virtuais em vez de ações tangíveis.

O escritor Étienne de La Boétie abordou a servidão voluntária em um contexto político, e hoje esse conceito cai como uma luva aplicado à dependência das redes sociais. No entanto, a reflexão individual sobre como cada cidadão utiliza a tecnologia e participa da sociedade pode garantir um uso mais consciente e responsável da tecnologia. Afinal, comentários e fotos sem ações concretas são totalmente vazios.

Precisamos urgentemente de uma solidariedade sem marketing pessoal, temos que nos empenhar diligentemente para praticarmos uma solidariedade pura, sem alardear nem pedir troco.

Acredito que uma solidariedade sem *social washing* é o que pode separar o fracasso da vitória no combate às desigualdades.

O RECORTE DA FILOSOFIA

Vamos ver agora qual a importância da solidariedade na vida humana segundo os fundamentos da filosofia.

"O conceito de solidariedade na filosofia remonta à* polis *grega, à cidade-estado. Os cidadãos se reuniam na Ágora, um espaço de convivência, para discutir a respeito das leis e do futuro político da cidade. Todos colocavam suas ideias e, naturalmente, aquelas que fossem consideradas coletivas e mais positivas para todos eram as que seriam colocadas em prática.

Nesse ponto específico do recorte filosófico dos gregos, há uma coisa que chama a atenção, porque a política, em sua essência, estava atrelada à ideia de felicidade. Explico: a felicidade vinha de um modelo de cidade participativa, do cidadão ativo, que tinha voz e conduzia as decisões tomadas no lugar onde habitava; isso é que é política. Então, a solidariedade entre os homens ou o fazer política na cidade deveria implicar em uma sociedade mais feliz.

Sem entrar em questões de política partidária nem no aspecto das religiões, às vezes, temos a impressão de que as instituições causam mais infelicidade do que felicidade às populações. Então, o primeiro ponto a se resgatar na solidariedade é que ela precisa ser revista e ser mais do que um vocábulo, passando para a vivência na prática.

Avançando um pouco mais na história, a palavra 'solidariedade' aparece definida por Auguste Comte, um filósofo positivista. A bandeira do Brasil, por exemplo, tem um lema positivista:

'Ordem e Progresso', da mesma forma, a sociedade brasileira tem um apelo de solidariedade forte. Sim, os brasileiros são solidários em geral, mas, ao mesmo tempo, têm dificuldade de atuar de maneira sistemática, organizada, com certo grau de gestão. Em que isso implica? Implica em termos um país altamente assistencialista, e o assistencialismo puro e simples mais causa dependência do que possibilidade de emancipação. Portanto, é um modelo de solidariedade que precisa ser revisto.

Nessa linha do tempo, podemos observar que, desde o conceito grego, passando pelo positivismo até os tempos atuais, as palavras 'solidariedade, caridade, altruísmo' – como é rica a língua portuguesa! – carecem de maior aprofundamento, para melhor execução do que esses termos, em conceito, significam.

Esse é um primeiro horizonte instigante: precisamos avançar na prática daquilo do qual falamos a respeito, pois o trabalho de quem está na solidariedade, nessa atividade do Terceiro Setor, é sempre muito dinâmico e requer certo grau de entrega e de improviso, o que é muito salutar quando bem aproveitado o tempo, que, aliás, é nosso maior ativo."

SOLIDARIEDADE É UM DEVER MORAL? TEM LIMITES?

"Para responder a esta pergunta, cito o filósofo Hans Jonas, que escreveu um livro chamado O Princípio Responsabilidade: ensaio de uma ética para a civilização tecnológica. *O livro fala das bases contemporâneas da solidariedade. Ele teve um diálogo estreito com Hannah Arendt, que é outra autora da filosofia e da ciência política muito importante, e, juntos, eles formataram uma ética que se denomina 'ética da responsabilidade'.*

No livro de Jonas, especificamente, há dois pontos a se observar: a solidariedade é humana, mas também precisa ser estendida ao meio ambiente. Então, se nós, humanos, formos capazes de colaborar uns com os outros, mas não formos capazes de conservar a 'casa comum', não teremos planeta para habitar. Dessa forma, ele toca em um ponto-chave dos séculos XX e XXI, que é a questão do desenvolvimento sustentável, indicando que não é suficiente a solidariedade entre os homens, mas também com o planeta, a biodiversidade, os animais. E ele complementa dizendo que precisamos viver nesse pacto, nesse combinado de legislações que nos mantém em um certo equilíbrio, tendo em vista que existem regras para viver em sociedade."

Faço um parêntese aqui para ampliar nosso entendimento sobre a teoria de Hans Jonas. Em suma, a partir de um ponto de vista ontológico, ele defendia que a sobrevivência plena do ser humano depende de nossos esforços para cuidar do planeta e de seu futuro. Ele formulou um novo imperativo moral supremo: "atuar de forma que os efeitos de nossas ações sejam compatíveis com a permanência de uma vida humana genuína". Isso porque ele dizia que "certas transformações em nossas capacidades acarretaram uma mudança na natureza do agir humano".

Continuemos a ouvir Rodrigo Starling:

"A reflexão de Hans Jonas é também minha como filósofo, porque o filósofo não é um repetidor de outros pensadores, senão viraria um historiador; o filósofo contemporâneo tem o dever de também colocar as suas impressões e entrar em diálogo. Por isso mesmo, estou

fazendo uma provocação de que hoje o que devemos equilibrar na ideia de solidariedade e colaboração é a relação homem/tecnologia, porque as redes sociais, a inteligência artificial e as novas mídias estão nos afastando das coisas concretas e nos levando a praticar a tal 'solidariedade de likes*' e posts voláteis. Esse tipo de atitude sequer chega a tocar a ponta do dia a dia das comunidades, que podem estar precisando de ajuda real.*

Então, de fato, falamos de problemas complexos e graves, a respeito dos quais a filosofia sempre teve muito a contribuir, e essa contribuição vai além do âmbito das ideias, chegando ao âmbito pragmático das ciências políticas, das ciências sociais aplicadas, que é o fazer, o agir.

A palavra 'moral' tem origem latina; 'ética' tem origem grega. É importante deixar isso claro porque a moral tende a ser balizada a partir de costumes pactuados em determinadas sociedades. Portanto, aquele conjunto de costumes considerados bons, corretos e éticos estão dentro dessa moral. E a questão da ética, ethos, *significa a morada do ser. Então, o que é ser ético? É manter a morada individual limpa para que seja condizente com a ideia de comunidade.*

A ética, a meu ver, é mais forte, pois nos remete a pensarmos na ideia de individualizar para poder qualificar o coletivo. Quem põe a lupa em si mesmo tem mais condições de ser uma peça importante na engrenagem do mundo e terá um papel benéfico na relação interpessoal e com a natureza. Essa é a linha para a qual nos dirige a razão, pois temos conhecimento crítico, temos a razão para balizar esses termos 'moral' e 'ética'.

Agora, se formos falar em solidariedade pegando a linha da filosofia encadeada com as ciências naturais, em especial a biologia, veremos que a conformidade dos sistemas vivos tem uma linha de bases colaborativas. Entro agora na defesa de uma visão sistêmica da solidariedade. Autores como Fritjof Capra e Edgar Morin, para os quais a Academia muitas vezes torce o nariz, diga-se de passagem, falam do pensamento sistêmico e do ser humano inserido no meio ambiente, não apenas como mero observador. Vemos o desenvolvimento dessa ideia no livro de Capra, Ponto de Mutação, e na obra de Morin, Os sete saberes necessários à educação do futuro. Outro filósofo que discorre sobre este assunto é Gregory Bateson, que escreveu o livro Mente e Natureza – a unidade necessária. Na obra, ele afirma que a consciência do homem é o rosto da natureza perante o universo. Portanto, vários autores da sociologia, antropologia e filosofia lançam esse olhar sistêmico sobre o homem e o meio ambiente, mostrando que a natureza é colaborativa.

Até nas ciências exatas encontramos esse aspecto colaborativo. Existe um ramo chamado biomimética,* que, a grosso modo, é tentar copiar realidades observadas na natureza para criar invenções humanas. Por exemplo, o helicóptero é a imitação do beija-flor, o avião foi criado a partir da observação dos pássaros em geral... Esse aprendizado da natureza é bem antigo, vem da época de Leonardo da Vinci, quando ele criou o conceito da proporção áurea: a natureza tem proporções áureas, então, a engenharia humana vai nessa linha da matemática presente na natureza. Enfim, grandes cientistas usaram da observação da natureza para formar suas teorias. A natureza tem a base

* Biomimética: área da ciência que tem por objetivo o estudo das estruturas biológicas e das suas funções, procurando aprender com a natureza sobre suas estratégias e soluções, utilizando esse conhecimento em diferentes domínios da ciência.

> ***essencialmente colaborativa com a humanidade. O filósofo Diógenes disse uma frase impactante: 'homens cultos leem livros, homens sábios leem direto da natureza'. Aí você vai me perguntar: mas na natureza não tem as cadeias alimentares em que um animal mata e come o outro? Sim, mas o homem é o único animal que mata sem necessidade. Os homens, em momentos de guerra ou, às vezes, até por maldade ou patologias, matam para sentir prazer. Os animais, dentro das cadeias alimentares, só são agressivos por necessidade e dentro de uma estrutura de equilíbrio. Dessa forma, temos grandes lições de solidariedade no meio ambiente."***

Importantíssima a reflexão de Rodrigo Starling, que nos propõe um pacto triplo: entre os homens, com o meio ambiente e com a tecnologia, destacando a necessidade de equilíbrio e enfatizando a responsabilidade humana na preservação do planeta. São muito claros os sinais que a natureza está emitindo, e só não vê quem não quer. O calor excessivo experienciado em 2023 e a previsão de um número cinco vezes maior de mortes em razão da 'ebulição global' devem acender um sinal vermelho bem forte em todas as nações e povos. Esses dados alarmantes sobre as mortes relacionadas aos efeitos do calor extremo que podem quase quintuplicar nas próximas décadas estão em um relatório feito por mais de cem especialistas de 52 instituições de pesquisas e agências da ONU de todo o mundo, que monitoram os impactos das mudanças climáticas na saúde. As conclusões foram publicadas na revista *The Lancet*, em novembro de 2023. E no final de 2023, ainda, foi divulgado um novo estudo da Organização Meteorológica Mundial, da ONU, que revelou que os gases do efeito estufa atingiram níveis sem precedentes em 2022, ou seja, houve a maior concentração de dióxido de carbono já registrada no planeta. Na esteira dessas mudanças bruscas no clima, o Rio Negro, que está entre os dez rios com maior volume de água do mundo, teve a pior seca dos últimos 121 anos!

Enfim, essa anomalia da qual sofre o meio ambiente, desencadeada pela ação do homem, provoca mudanças no padrão do clima, causando eventos climáticos extremos, como terremotos, tempestades e secas estarrecedoras que colocam em risco a sobrevivência do ser humano na face da Terra.

Sem dúvidas, a proposta de buscar urgentemente um equilíbrio entre a colaboração humana, o respeito ao meio ambiente, além de uma reflexão profunda sobre o papel da tecnologia na sociedade, nos proporcionará uma solidariedade mais organizada e sistêmica. Enfim, os destaques do filósofo abrem espaço para uma discussão incansável sobre a importância da solidariedade em nossa vida individual e coletiva.

O TERCEIRO SETOR NÃO EXISTIRIA SEM A SOLIDARIEDADE

O Terceiro Setor, essencialmente baseado na ideia de solidariedade, enfrenta um desequilíbrio na prática diante do poder econômico e político que, frequentemente, está se sobrepondo aos objetivos sociais e ambientais. Vamos ver agora as argumentações de Rodrigo Starling sobre o trabalho neste setor, que precisa de criatividade, mas também muita disciplina.

> ***"Tudo começa com a solidariedade! Sem ela, não se pode pensar o Terceiro Setor. Não obstante, há um grande desequilíbrio***

no discurso e na prática em relação à importância deste setor. Aonde eu quero chegar? Quando se diz que a ideia de sustentabilidade é baseada num tripé, que é o equilíbrio social, ambiental e econômico, geralmente o poder econômico/político, ou o poder de decisão, se sobrepõe. Onde tem dinheiro e vontade política, as coisas são feitas em detrimento do social e ambiental. Então, o primeiro ponto a deixar claro é que existe uma desproporção, pois, em geral, os gestores do Terceiro Setor não estão em pé de igualdade de preparação em relação aos outros; e isso por motivos óbvios: falta de recursos, de tempo e pelo gerenciamento amador das instituições, o que deixa o Terceiro Setor vulnerável nas discussões. Há ainda o problema de que boa parte das organizações se contenta em fazer o papel daquele que pede com o pires na mão, então, falamos de um Terceiro Setor muito acanhado e pedindo coisas ao governo e às empresas.

Eu defendo algo diferente: a solidariedade só é saudável e o sistema de paridade de sustentabilidade só será real se os gestores do Terceiro Setor se prepararem melhor. Estou falando de fazer uma boa gestão e de mensurar resultados, de colocar as pautas deste setor na mesa em pé de igualdade com os outros dois setores; além disso, pegar nos calcanhares do primeiro e do segundo setores para levarem as ações desejadas a cabo.

Há que se buscar de forma firme o investimento social privado, já que hoje não é mais uma opção das empresas fazer este investimento, mas uma obrigação, trata-se de um item que determina a sobrevivência do Segundo Setor, e, igualmente, em relação aos governos. Empresas e governos que não se tornarem sustentáveis, que não mudarem suas práticas – não só nos discursos, mas no

modo de fazer – estão fadados ao fracasso e ponto final. Portanto, a solidariedade é a base sólida de todos os setores, mesmo que, no momento presente, o Terceiro Setor esteja em desvantagem, em parte, por culpa dos próprios gestores.

Entretanto, no meio disso tudo, há uma coisa que devo destacar como positiva: só de as empresas estarem sendo mais escrutinadas hoje pelos consumidores e a sociedade em geral já é um grande avanço!"

Acho de suma importância esta provocação de Rodrigo Starling apontando que é preciso ampliar a influência dos gestores do Terceiro Setor na sociedade. Eles carecem de preparação e recursos; sem isso, as organizações da sociedade civil se tornam vulneráveis e limitam seu papel a algo semelhante à mendicância.

SOMOS CORRESPONSÁVEIS

Nesse ponto, vamos ver outro pensamento trazido pelos fundamentos da filosofia. Rodrigo Starling retoma e torna mais abrangente a discussão sobre o envolvimento responsável da sociedade civil como um todo, incluindo organizações e cidadãos individualmente, nas tomadas de decisão. A corresponsabilidade é enfatizada, sendo necessário um engajamento ativo de todos nós. Acompanhe.

"Gostaria de falar agora de um Terceiro Setor ampliado, que engloba a sociedade como um todo, ou seja, a sociedade civil não organizada, composta pelas lideranças na ponta das comunidades. Dentro do Terceiro Setor, temos as instituições e o cidadão, que também é capaz de mobilizar sua comunidade ainda que não seja

juridicamente registrado. É importante falar da sociedade nesse aspecto mais amplo para que todos entendam que somos corresponsáveis pelo modelo que está aí em todos os níveis: governamental, empresarial, da sociedade civil organizada e individual. Portanto, não é que existam bonzinhos e malvados. O cidadão perdeu espaço por não se preocupar em estar ativo e fazendo seu advocacy *ou* compliance *ou, se quisermos usar um termo mais adequado, fazendo o controle social. O cidadão não pode achar que está solto e, por isso, delegar os problemas para o governo, para as empresas e instituições; ele também é quota-parte e, se algum desses setores que estão acima do cidadão não estiver sendo solidário suficientemente, nós, cidadãos, também temos responsabilidade nisso tudo e não podemos nos abster."*

VOLUNTARIADO E SOLIDARIEDADE NO COMBATE ÀS DESIGUALDADES

A solidariedade é particularmente relevante em contextos de desigualdade social e o voluntariado tem relação direta com a solidariedade, mas será que esta é uma forma eficaz de enfrentar os desafios sociais ou deveríamos buscar outras estratégias?

"O voluntariado traz em si vários elementos para trabalhar o tema da solidariedade. O primeiro deles é que o voluntariado seria um modelo de se praticar a solidariedade com uma certa gestão, um certo know-how. *Eu considero o melhor 'modo de fazer', já que está no Brasil há mais tempo. A primeira Santa Casa de Misericórdia foi inaugurada no país em 1543, portanto, são 480 anos de um modelo eficiente. Segundo ponto: em 2010, nós criamos, em Minas Gerais, a Política de*

Fomento ao Voluntariado Transformador. O termo transformador *é para deixar claro que está além de um assistencialismo puro e simples. E o que é o voluntariado com esse adjetivo? É o que transita do campo individual para o coletivo, de ações isoladas para ações em rede e do assistencialismo para o desenvolvimento sustentável. No Brasil, o que ilustra bem esse modelo de voluntariado transformador é aquele ditado que todo mundo conhece: 'não vamos dar o peixe, vamos ensinar a pescar'. O ditado padrão é esse, só que eu gosto de emendar mais um complemento, e o ditado fica assim: 'não vamos dar o peixe, vamos ensinar a pescar, a estocar o excedente e a montar a peixaria!'.*

Se você não ensinar a estocar o excedente e a montar a peixaria, não haverá sustentabilidade. Se não fecharmos o ciclo completo dessa ideia, ficaremos a ver navios no alto-mar da desigualdade. Dito isto, afirmo que o grande salto é fortalecer o voluntariado transformador, que está alinhado a fazer uma práxis solidária (ação concreta), com mensuração, com gestão e com o ciclo mais completo de emancipação dos beneficiários. Para falar de forma pragmática, se tem uma organização ou uma pessoa na comunidade que está doando cestas básicas para a mesma família durante 20 anos, temos dois problemas: o problema de quem doa e acha que só isso é legal e suficiente, e o problema de quem se acomodou recebendo. Temos que nos inspirar naquela história do sábio que empurra a vaquinha de uma família para o desfiladeiro, a fim de que o povo tenha condições de criar novas alternativas para se sustentar de forma mais duradoura."

Precisamos fazer uma pausa nas palavras de Rodrigo para contar a história, que é muito saborosa e cheia de significado.

Um sábio passeava pelo campo com seu discípulo quando os dois encontraram uma humilde casa de madeira, habitada por um casal e seus três filhos, todos malvestidos, com as vestes sujas e rasgadas, aparentando uma pobreza extrema.

O sábio perguntou ao pai como eles faziam para sobreviver. Ele, calmamente, respondeu: "Temos uma vaquinha que nos fornece vários litros de leite todos os dias. Vendemos uma parte e, com o dinheiro, compramos outras coisas que necessitamos. O restante usamos para nosso próprio consumo. Dessa forma, sobrevivemos".

O sábio agradeceu a informação e foi embora com seu discípulo, pedindo que ele voltasse, pegasse a vaquinha e a empurrasse do penhasco.

Seu discípulo, muito incomodado e se sentindo culpado, obedeceu à ordem, mas retornou algum tempo depois para pedir desculpas à família. Observou, então, que tudo havia mudado. A casa estava cercada por árvores onde muitas crianças brincavam e até havia um carro na garagem.

Desesperou-se, pois achou que a família humilde havia vendido tudo que tinha e se mudado. Mas, logo em seguida, ele se deparou com eles e perguntou ao pai o que havia acontecido. Ele, com sorriso largo, respondeu: "Quando nossa vaquinha que nos fornecia tudo caiu de um penhasco e morreu, fomos obrigados a fazer outras coisas, a desenvolver outras habilidades que nunca tínhamos imaginado possuir. Dessa forma, começamos a prosperar e a nossa vida mudou".

"Moral da história: em todo projeto de voluntariado transformador é desejável que aquela família ou comunidade que, por exemplo, hoje recebe uma cesta básica, seja capaz de, depois de um

determinado período, também doar uma cesta básica para outras famílias e, quem sabe mais adiante, montar sua própria organização social, para que aconteça a emancipação.

Há uma diferença muito grande, eu diria um abismo, entre só receber e se emancipar e, naturalmente, envolve questões políticas. Há momentos, como em épocas de campanha especialmente, que os políticos preferem que fique tudo como está. Então, o pensamento pode ser: vamos dar cestas básicas, as pessoas nos dão seu voto e nós vamos reproduzindo a pobreza sem acabar com ela.

Reafirmo, com toda essa explanação, que o voluntariado é o maior e melhor instrumento de transformação social, desde que seja um voluntariado transformador."

Aqui está em detalhes a lei que instituiu a Política Estadual de Fomento ao Voluntariado Transformador (Lei n° 18.716/2010). Sua simplicidade pressupõe a clareza de seus objetivos.

> **Art. 1º** *Fica instituída a política estadual de fomento ao voluntariado transformador, destinada a preparar cidadãos e instituições para a prática do voluntariado.*
>
> **Art. 2º** *São objetivos da política de que trata esta Lei:*
>
> **I** – *articular órgãos do Estado, entidades do Terceiro Setor, empresas e cidadãos para a prática do voluntariado transformador, em consonância com as políticas públicas implementadas pelo Estado;*
>
> **II** – *promover e fomentar oportunidades para a prática do voluntariado transformador nos órgãos do Estado, nas entidades do Terceiro Setor e nas empresas sediadas no Estado;*

III – oferecer capacitação a entidades sociais e gestores dos órgãos públicos que recebem voluntários;

IV – criar um sistema de acompanhamento das práticas de voluntariado executadas nos órgãos do Estado, entidades do Terceiro Setor e empresas, para identificar as demandas e orientar as iniciativas de trabalho voluntário no Estado.

***Art. 3º** São diretrizes da política estadual de fomento ao voluntariado transformador:*

I – a prática do voluntariado como elemento de transformação da realidade social;

II – o fortalecimento dos setores que trabalham com voluntariado;

III – o incentivo à realização de ações de voluntariado pelas empresas;

IV – o fomento do voluntariado como instrumento de apoio ao Estado na implementação das políticas públicas.

***Art. 4º** Para o cumprimento dos objetivos da política de que trata esta Lei, caberá ao Estado, por meio do órgão competente:*

I – promover atividades de capacitação e preparação de voluntários e entidades do Terceiro Setor;

II – realizar seminários, conferências, fóruns e debates públicos para a discussão do tema do voluntariado com a sociedade;

III – realizar parcerias com universidades, instituições de ensino e conselhos profissionais para fomento à participação de jovens estudantes e profissionais em ações de voluntariado;

IV – incentivar os Municípios a adotarem as diretrizes e os objetivos da política de que trata esta Lei.

Parágrafo Único. *A forma de realização dos objetivos da política estadual de fomento ao voluntariado transformador será definida pelo órgão executor da política, em conjunto com cada órgão do governo, com a iniciativa privada e com o Terceiro Setor.*

O voluntariado transformador é um instrumento crucial de transformação social, que permite que as comunidades passem de simples beneficiárias a agentes de mudança e emancipação. Rodrigo Starling contribuiu na construção do texto da lei, que foi aprovada em menos de três meses e eleita a lei de destaque da área social em 2010. Para alegria do filósofo, a lei do voluntariado transformador, que busca uma prática solidária com gestão, mensuração de resultados e um ciclo completo de emancipação, está se espalhando para outros estados, embora, como ele mesmo lembra: "Ter uma política ainda não é dizer que ela pegou, mas é um grande avanço".

O VITAL AMOR

O livro *2050 – Voluntariado e Sustentabilidade*, escrito por Rodrigo Starling, nos traz reflexões sobre a solidariedade e as agendas globais, apontando o compromisso para 2050. Sobre a obra, ele disse: "*2050* é uma obra orgânica, isto é, sempre aberta ao aprimoramento e à reescrita constante. Desde 2011, em cada local onde lançamos o livro, temos a oportunidade de partilhar e aprender".

O filósofo defende que governantes, empresários, gestores da sociedade civil organizada e cidadãos devem ser vistos como células dotadas de consciência, entes capazes de legar a esta e às gerações futuras a sustentabilidade real do planeta.

Aqui vai um trecho das reflexões de Rodrigo nesta obra:

"Retomando Aristóteles, destacamos a troca de nutrientes com o meio externo. Ora, nas relações entre os homens e nas deles com o planeta, essa energia vital chamada amor é a mais importante dos nutrientes, é nosso sangue social, aquilo que nos permite praticar a nossa humanidade. Longe de idealizar o amor, falamos dele em sua essência, daquilo que nos faz agir e cuidar do que amamos. Sem ele, não existe vida. Tanto é verdade que o ser humano, considerado o mais avançado na cadeia evolutiva, é também o mais carente de amor. Um recém-nascido, sem cuidado ou amor algum, decerto morrerá. Já algumas plantas e animais, neste ponto, realizam suas trocas com o meio de forma 'solitária'. Sem dúvida, é esse misto de potência e fragilidade que faz de nós, humanos, seres extraordinários."

CAPÍTULO 3

SOBRE PASSARINHOS E AMIZADE SOCIAL

Nesta caminhada do livro, agora conto a vocês, caros leitores, uma história cheia de delicadezas e solidariedade.

Quando eu era diretora voluntária de comunicação, marketing e captação de recursos da organização da sociedade civil Rainha da Paz, fui procurada pela Dona Cida Bianchini, que estava chegando a seus 80 anos e tinha acabado de escrever um livro dedicado à sua netinha Maria, com cinco anos à época: *Os Passarinhos de Maria*.

Dona Cida era membro do Apostolado da Oração da paróquia que frequento e já tinha escrito outras obras literárias, inclusive, um livro dedicado ao netinho Lucas.

Bem, sobre *Os Passarinhos de Maria*, ela fez uma tiragem pequena do livro e me procurou para doar toda a renda com a venda da obra à instituição. E assim foi feito.

Na tarde de autógrafos no salão da Rainha da Paz, fiquei encantada com o olhar de felicidade de Dona Cida por estar fazendo aquela ação, por poder ajudar com seu talento e desprendimento centenas de crianças e adultos com deficiências múltiplas atendidos pela organização.

Isso aconteceu no final de novembro de 2019. Logo depois, veio a pandemia e, em janeiro de 2021, Dona Cida faleceu. O legado que ela deixou para as crianças com sua obra infantil e, para mim, como exemplo de pessoa solidária e generosa, é de uma sublimidade imensa.

A solidariedade nessa história está na ação dessa doce escritora e na obra em si. *Os Passarinhos de Maria** é um livro com lindas ilustrações e com o claro intuito de Dona Cida de chamar as crianças a serem mais amáveis umas com as outras e mais atentas às necessidades e angústias de seus vizinhos.

Ela consegue isso com maestria, compondo uma história que mistura o cuidado com um passarinho machucado e a comoção de toda a vizinhança, que começa a olhar com acuidade tudo à sua volta.

A filha da Dona Cida, Juliana, nos deu a alegria de permitir a reprodução de alguns trechos dessa delicada e sensível obra, que me tocou o coração. Como diz o prefácio do livro:

> ***"É quase que uma bicadinha em nossos corações, um livro cheio de simbologia... Poderia se dizer que, com o flap-flap das asas de um passarinho, a autora transcende o mundo infantil para nos dar uma benfazeja chacoalhada. Queremos que as crianças sigam sempre nosso exemplo, mas somos bons exemplos? Cida contou uma história com carinho para distrair e passar o valor do amor para a netinha Maria e para todos os pequenos. O livro é uma celebração de fé para nos alertar sobre a maneira que estamos vendo, vivendo e compartilhando nossos sentimentos de amizade, respeito mútuo e visão de mundo aos mais novos. Os passarinhos de Maria somos todos nós, precisando de cuidados de nossa mãe e ajudando a cuidar de nossos irmãos."***

* BIANCHINI, Cida; LYDIA, Laura. *Os passarinhos de Maria*. São Paulo: Literatum, 2019.

Vocês ficaram curiosos para conhecer esse enredo encantador? Então, vamos a um resumo e a alguns trechos do livro da querida Dona Cida.

Neste conto, conhecemos Maria, uma adorável menina de cinco anos que se muda para uma casa cercada de árvores e se encanta com os passarinhos que ali vivem. Ela percebe que sua vizinha Camila, da mesma idade, é solitária; e se aproxima dela. Juntas, as amigas decidem atrair pássaros para interagir com as crianças do lugar.

As meninas espalham grãos e sementes pelo chão do bairro, o que resulta em uma festa de aves de diversas espécies. Isso deslumbra as crianças e os adultos da vizinhança, promovendo uma interação comunitária. Em um dia ensolarado, as meninas encontram um pássaro ferido e correm para ajudá-lo. Com o cuidado da mãe de Maria, o pássaro se recupera e se torna amigo das meninas.

A história enfatiza valores como amizade, solidariedade e amor pela natureza, destacando como a união das pessoas pode criar momentos especiais de convívio e aprendizado. O texto termina com Maria e Camila abraçadas, simbolizando a amizade duradoura que se formou, e toda a vizinhança aprendendo uma valiosa lição de união e amor durante aquela primavera.

AGORA, ALGUNS TRECHOS DO LIVRO

> ***Maria tinha cinco anos. Era uma menina cativante que vivia espalhando sorrisos, exalando bondade pelos ares. Quem a via tinha sempre a impressão de que ela estava dançando. Maria deixava marcas por onde passava, tal sua meiguice. Antes, ela vivia na cidade onde as casas não eram casas, mas apartamentos que ficavam uns sobre os outros. Mas aconteceu uma coisa importante que transformou a vida da menina.***

Ela se mudou para uma casa cercada de árvores.

Havia bastante sombra, flores, frutos e cheirinhos.

E de tudo, o que mais Maria gostava era dos passarinhos que faziam morada naquelas árvores.

Depois que Maria começou a morar nessa casa, muitas coisas aconteceram.

Além das árvores, dos pássaros e do vento, ela conheceu Camila que morava ali por perto, em outra casa grande.

Apesar de morar há mais tempo no condomínio, Camila não conhecia ninguém da vizinhança, não tinha amigos.

Como era possível isso?

Maria tinha aprendido com os pais que afeto, carinho e amor são necessários para ser feliz. Daí idealizou um plano para tentar fazer Camila interagir com a vizinhança e fazer outros amigos.

As meninas saíram pela rua e jardins espalhando grãos e sementes que atraíssem os passarinhos. Corriam felizes as duas meninas, pelos canteiros soltando alpiste aqui e ali.

Não demorou para que as aves começassem a chegar em busca do alimento.

Quantos pássaros, quantas cores, quantos cantos diferentes!

Elas estavam encantadas. Uma festa, parecia.

Era bonito de ver! Uma, duas, três e, de repente, a rua estava repleta de crianças. Elas começaram a se juntar para ver o espetáculo organizado pelos pássaros. Junto com elas, os adultos arregalavam os olhos para o show dos passarinhos. E todos cantavam:

"Passarinho, passarinho, onde está o seu ninho, Voa, voa, passarinho, vai buscar o seu filhinho."

O beija-flor desceu do seu elegante balé para participar da festança.

O maior encanto das meninas eram as pombinhas brancas. E naquele vaivém de passarinhos cantando alegremente, o ambiente foi tomando nova forma de viver e de interagir com a vizinhança.

Num sábado de manhã, sol radiante, céu azul, os condôminos aglomerados na alameda, observavam a leveza dos pássaros, tentando entender aquele espetáculo natural entre o perfume das flores e o colorido das penas.

Maria e Camila brincavam felizes, quando de repente...

— Olha, Maria, aquele passarinho parece ferido! – disse Camila, assustada, apontando o pássaro caído no jardim.

Correram, Maria o apanhou e o acomodou nas mãos em forma de concha.

— Maria, vamos correr, pedir ajuda para sua mãe!

— Mamãe, mamãe! Ajuda aqui. Acho que acertaram uma pedrada neste passarinho! – Ambas estavam aflitas. – Não deixa ele morrer, por favor!

— Calma, não se preocupem, ele vai sobreviver. Vamos cuidar dele com todo carinho. Vocês perceberam que é um bem-te-vi?

— Mamãe, será que é ele que canta todas as manhãs na minha janela?

— Pode ser, respondeu a mãe enquanto examinava o pássaro e fazia um pequeno curativo.

No dia seguinte, logo cedo, as meninas foram ver o pássaro, que passou a noite numa caixa de sapato ao lado da cama de Maria.

De repente, ouviu-se um delicado piu-piu, baixinho e fraquinho. É ele, o nosso passarinho! Depois de alimentado, tentou alçar voo, mas

estava fraquinho e tombou. Tentou de novo, até que conseguiu e sumiu por entre as árvores... Mas nunca mais se separou das meninas.

As amigas ficaram ali observando quanta gente lotava as alamedas, todas atraídas pelo espetáculo matinal dos passarinhos.

E toda aquela gente aprendeu uma verdadeira lição de união e amor.

Jamais se esqueceram do que viveram naquela primavera.

Fim.

AMIZADE SOCIAL

Se falamos neste capítulo sobre esta bela história de amor entre os homens e pela natureza, e de como a iniciativa de duas crianças que levaram isso em conta pôde unir uma comunidade inteira, temos de falar da amizade social. Cito aqui o conceito e a prática da amizade social definidos pelo Papa Francisco.

Como vimos e ouvimos muitas vezes, os olhos são as janelas da alma, janelas por meio das quais transparece o que a pessoa é ou sente verdadeiramente; janelas por onde também entramos em contato com o mundo. Essas janelas, em nosso tempo, podem significar os computadores ou *smartphones* ligados à internet, pelos quais nos vimos durante todo o período da pandemia e pelos quais ainda hoje podemos "visitar" idosos de nossa família que moram distantes de nós e toda e qualquer pessoa que precisa da nossa presença, mesmo que estejamos longe delas.

A amizade social nos impele a agirmos assim, com os olhos bem abertos ao nosso redor.

Na encíclica *Fratelli Tutti*[*] ("Todos somos irmãos", em tradução livre), de 2020, o convite do Papa foi o mesmo: apontar um caminho para que não deixemos de lado ninguém que precisa do nosso amor, atenção, carinho e, também, de todo o necessário para sobreviver.

Vamos acompanhar alguns trechos do resumo dessa bela carta de Francisco feito pelo querido Padre João Carlos Almeida (Pe. Joãozinho, scj).[**]

> ***"O papa revela que o tema central da encíclica é a 'fraternidade universal'. Não pretende dizer tudo sobre o amor fraterno, mas apenas falar sobre essa abertura a todos, num tempo em que os***

---

* Carta Encíclica Fratelli Tutti do Santo Padre Francisco sobre a Fraternidade e a Amizade Social. Disponível em: https://www.vatican.va/content/francesco/pt/encyclicals/documents/papa-francesco_20201003_enciclica-fratelli-tutti.html. Acesso em: 14 jul. 2024.

** PE. JOÃOZINHO, SCJ. *Resumo da Encíclica Fratelli Tutti*. Conventinho, 2020. Disponível em: https://conventinho.com.br/2020/10/06/resumo-da-enciclica-fratelli-tutti/. Acesso em: 14 jun. 2024.

tribalismos, partidarismos e todo tipo de fechamento sobre povos e ideologias ganham um espaço tremendo. O papa nos provoca a termos um coração aberto e fraterno. Afirma também que a Fratelli Tutti *é uma encíclica social.*

Fiquei encantado com o primeiro capítulo, em que ele descreve as sombras de um mundo fechado sobre si. É como se o papa pintasse um cenário do nosso tempo, com todas as sombras que temos hoje e, a partir daí, nos outros capítulos ele mostrasse as luzes de esperança sobre este cenário de sombras. São os nossos dramas deste século XXI, que já começou com uma pandemia inesperada, citada também no documento, que continua oferecendo caminhos de esperança.

O sexto capítulo fala sobre o diálogo e a amizade social. Mostra como criar uma cultura do encontro na prática. No sétimo capítulo são apresentados caminhos de reencontro a partir da verdade. O papa mostra claramente como podemos arquitetar a paz. Ele usa a expressão "artesanalidade". Devemos ser "artesãos da paz". A paz se faz como tricô; é ponto depois de ponto; nó depois de nó. Não se faz simplesmente com projetos escritos. O capítulo oitavo é o último e encerra as reflexões do Papa Francisco sobre a fraternidade universal. Ele afirma que as religiões estão a serviço da fraternidade no mundo e não podem ser instrumentalizadas em favor de interesses particulares. A religião é instrumento de fraternidade e não instrumento de guerra, como alguns querem fazer crer.

O Papa Francisco acertou em cheio nesse texto sobre fraternidade inspirado em Francisco de Assis e lança uma luz de Esperança para a humanidade."

Na encíclica *Caritas in Veritate* ("Caridade Verdadeira") do Papa Bento XVI (2009), ele ressalta a importância do cuidado com toda a criação, pois o cuidado com o meio ambiente deve partir do cuidado do ser humano com seus pares.*

> ***"As modalidades com que o homem trata o ambiente influem sobre as modalidades com que trata a si mesmo, e vice-versa. Isto chama a sociedade atual a uma séria revisão do seu estilo de vida que, em muitas partes do mundo, pende para o hedonismo e o consumismo, sem olhar aos danos que daí derivam. É necessária uma real mudança de mentalidade que nos induza a adotar novos estilos de vida, 'nos quais a busca do verdadeiro, do belo e do bom e a comunhão com os outros homens para um crescimento comum sejam os elementos que determinam as opções dos consumos, das poupanças e dos investimentos'. Toda a lesão da solidariedade e da amizade cívica provoca danos ambientais, assim como a degradação ambiental por sua vez gera insatisfação nas relações sociais. A natureza, especialmente no nosso tempo, está tão integrada nas dinâmicas sociais e culturais que quase já não constitui uma variável independente. A desertificação e a penúria produtiva de algumas áreas agrícolas são fruto também do empobrecimento das populações que as habitam e do seu atraso. Incentivando o desenvolvimento econômico e cultural daquelas populações, tutela-se também a natureza. Além disso, quantos recursos naturais são***

* BENTO XVI. *Carta Encíclica Caritas in Veritate do Sumo Pontífice Bento XVI aos bispos, aos presbíteros e diáconos, às pessoas consagradas, aos fiéis leigos e a todos os homens de boa vontade sobre o desenvolvimento integral na caridade e na verdade.* Disponível em: https://www.vatican.va/content/benedict-xvi/pt/encyclicals/documents/hf_ben-xvi_enc_20090629_caritas-in-veritate.html. Acesso em: 14 jul. 2024.

devastados pela guerra! A paz dos povos e entre os povos permitiria também uma maior preservação da natureza. O açambarcamento (apropriação devastadora) dos recursos, especialmente da água, pode provocar graves conflitos entre as populações envolvidas. Um acordo pacífico sobre o uso dos recursos pode salvaguardar a natureza e, simultaneamente, o bem-estar das sociedades interessadas."

Trouxe aqui estes textos substanciosos da Igreja Católica não apenas porque esta é a minha religião, mas porque as encíclicas trazem elementos assertivos sobre os relacionamentos humanos e nossas atitudes contrárias à preservação dos recursos naturais que temos à disposição e que estão aí para todos. A religião enfatiza valores de compaixão e ajuda ao próximo, o que pode influenciar positivamente a forma como as pessoas se relacionam umas com as outras. Se não cuidamos uns dos outros e da natureza, certamente caminharemos para um mundo cheio de sombras; e seremos, ao mesmo tempo, irresponsáveis com as futuras gerações.

Nos links, vocês podem ler a íntegra dessas encíclicas sociais e refletir sobre a sua responsabilidade nisso tudo. A atitude para mudar essa realidade e transformar as perspectivas sombrias em um caminho luminoso depende, em primeiro lugar, de cada um de nós.

"A alma generosa será cumulada de bens;
e aquele que largamente dá,
largamente receberá."*

* Provérbios 11,25.

CAPÍTULO 4
GENTILEZA
A tecnologia evoluiu. E nós?

As máquinas evoluíram a mil e até estão aprendendo por si mesmas, pois estamos na era do *machine learning.** E que bom seria se elas aprendessem de nós somente as coisas boas, as boas práticas, o que é bom, belo e harmonioso!

O dia 13 de novembro foi instituído como o Dia da Gentileza. Vejam só, precisa de um dia para nos lembrar que temos que ser gentis todos os dias, 365 dias por ano, sempre, *forever!*

Desculpem a redundância.

Na ocasião, meu texto nas redes sociais foi este:

"Eu penso que sempre é tempo para rever nossas atitudes e incorporar em nosso dia a dia ainda mais a prática da civilidade, da cortesia e da educação. A gentileza transforma quem a aplica e quem a recebe. Não custa tentar ser gentil no trânsito, por exemplo, nas filas. Experimente praticar a paciência e a tolerância. Compreensão e respeito fazem toda a diferença!

---

* O aprendizado de máquina é um subcampo da Inteligência Artificial (IA), que ensina os computadores a aprender e melhorar com as experiências anteriores. É um ramo da ciência da computação que se concentra no uso de dados e algoritmos para imitar a maneira como os humanos aprendem.

Tente ceder lugar aos mais velhos e às mulheres, especialmente às grávidas e idosas. Por onde anda o cavalheirismo?

Cumprimentar as pessoas com um sorriso, custa?

Por favor, com licença, obrigado, que palavras amáveis!

Vocês se lembram dos sábios ensinamentos de sua mãe? Elogio sincero é uma grande gentileza, quem não gosta?

Um rápido telefonema de atenção na data do aniversário deixa qualquer um feliz, não é mesmo?

E então? Preocupar-se com o bem-estar dos outros é sinal de boa educação e muito respeito. Aproveite o 'gancho' e descubra como é bom dar e receber gentilezas. Pois tudo o que vai também volta, e pensar nisso é um bom começo para mudar a sua vida!"

Acho muito bom e importante incentivar, com todos os meios que temos à mão, esse gesto tão transformador da gentileza, pois o amor ao próximo se pratica até em circunstâncias corriqueiras do nosso dia a dia. Sempre é tempo de reconhecer que as outras pessoas são valiosas. Exemplo: segurar a porta aberta para uma pessoa atrás de você é um jeito simples de reconhecer que ela existe no mundo, que ela é um ser humano digno de atenção.

Tudo ao nosso redor está se tornando cada vez mais rápido, desde o século passado, o século da velocidade. E como a cortesia demanda tempo, está sendo deixada para trás, o que é péssimo para toda a humanidade.

Será que a gentileza está sendo vista como desnecessária em nosso tempo, em nosso mundo acelerado demais? Penso que não podemos deixar que a cortesia, a gentileza e o olhar ao outro se transformem em relíquia de tempos passados, algo apenas decorativo e pontual que é totalmente dispensável para os relacionamentos humanos. Gentileza jamais pode ser encarada como uma perda de tempo, jamais! Gentileza jamais pode se transformar em um fardo intolerável, jamais!

Vamos celebrar a generosidade que existe dentro de nós!

Esmiuçando o significado das palavras em inglês *kindness* e *gentleness*, encontrei traduções como bondade, gentileza, amabilidade, benevolência, afeto, fineza, afetuosidade; enfim, é a qualidade de ser amável, gentil, generoso, atencioso, terno e suave. Que combo maravilhoso!

É um tipo de comportamento que envolve atos de generosidade, consideração, ajuda ou preocupação com os outros, sem esperar recompensa ou elogio em troca. Simples assim.

Um dia, recebi uma mensagem que dizia o seguinte: "Quem diz que as palavras não fazem carinho é porque nunca leu com o coração".

Amei e concordei no ato! Uma palavra gentil pode ser dita a qualquer momento e em qualquer situação; afinal, vai fazer todos felizes e transformar o ambiente inteiro. É que a rapidez de nosso tempo, com tudo ao alcance de um clique, vai tornando os relacionamentos muito automáticos e cheios de aridez. Fica tudo parecendo conversa de WhatsApp com conta comercial: você quer falar de algo específico, do seu problema com a empresa em particular e a máquina não entende. Acho que todo mundo já passou por isso, certo?

Se nós reivindicamos pressa sempre, não dá para sermos gentis ou... temos que aprender a sê-lo com pressa mesmo, que tal?

Mas não há dúvida de que temos que desacelerar para alcançarmos conexões e relacionamentos genuínos, pois atos de gentileza deveriam ser um hábito consistente.

Agora, vou apresentar minha convidada para falar desse tema tão urgente e necessário. A história que você vai conhecer envolve mãozinhas sujas de bala colorida, tampinha de garrafa e uma batatinha frita. "Coisinhas" que foram capazes de aumentar ainda mais a frequência solidária de um coração que já batia por si e por todos à sua volta desde a tenra infância. A dona dessa linda e emocionante trajetória é Marina Pechlivanis, que, entre muitas iniciativas voltadas ao desenvolvimento de um olhar mais atento ao outro e de um mundo verdadeiramente humanizado, idealizou a primeira plataforma brasileira de Educação para a Gentileza e a Generosidade: onde ela diz que "cada pequeno gesto faz a diferença". *

Marina é mestra em Comunicação e Práticas de Consumo pela ESPM, professora de pós-graduação e autora de mais de 20 obras; atua em diversos projetos sociais para ONGs, associações e instituições do Terceiro Setor, e é mentora de jovens empreendedores sociais. Também é sócia da Umbigo do Mundo, que trabalha com posicionamento de marca e cultura corporativa. Enfim, é uma brasileira cheia de ideias para tornar o mundo um lugar melhor para se viver.

Nestas páginas, ela conta um pouco de sua caminhada solidária.

"Eu tive uma formação escolar muito interessante, estudei num colégio católico de freiras, e a fala da solidariedade sempre foi muito corriqueira. Nós tínhamos a Semana da Solidariedade, ações concretas a partir da Campanha da Fraternidade, e essa vivência solidária fez parte da minha educação desde a infância. Eu não tive este assunto em uma disciplina, em um período específico ou no

* GENTILEZA E GENEROSIDADE. *Página Inicial*. Disponível em: https://www.gentilezagenerosidade.org.br/. Acesso em: 19 jul. 2024.

final do curso para ganhar créditos e estudar numa universidade no exterior, por exemplo, como vemos em alguns lugares hoje, mas tive essa vivência permeando toda a minha formação; e isso faz toda a diferença. Aprendi desde cedo que, se eu não fosse consumir meu lanche, eu deveria colocá-lo embalado no cesto que era distribuído depois para as crianças que moravam no entorno da escola e não tinham recursos suficientes para a refeição – é o compartilhar na prática. Eu me sinto agraciada pela oportunidade que tive de conviver com esses conceitos, não como se fossem abstrações acadêmicas, algo que está nos livros para estudar. Muita gente sabe que na teoria isso existe, e até racionaliza: 'Eu tenho que ser gentil e generoso', mas, na prática, não vivenciou. Eu experienciei a solidariedade, em primeiro lugar, pela influência familiar, com a qual aprendi a ter essa visão da importância de compartilhar, efetivar trocas, de olhar para o próximo.

Ver que nem todas as pessoas tiveram esse privilégio e testemunhar situações de desrespeito, polarização, violência, discriminação, entre outras, no mercado de trabalho, foi o impulso para lançar a plataforma de Educação para Gentileza e Generosidade, projeto social da Umbigo do Mundo, com materiais práticos, acessíveis, gratuitos e de qualidade para falar sobre esse assunto, de forma divertida e bem fundamentada, com os mais diferentes públicos: escolas, famílias, espaços por onde os jovens circulam, ambientes de trabalho, na mídia, na sociedade toda.

O fato é que existe um analfabetismo sociotransformacional de grandes proporções, que merece atenção. Diversos projetos*

* Sociotransformacional descreve algo que tem o potencial de causar mudanças na sociedade.

sociais estão em busca de doações, ações solidárias, voluntários, campanhas de mobilização, estão em busca de articuladores... Mas se as pessoas não tiverem o mínimo de entendimento do que isso significa e de qual a relevância desse engajamento para uma convivência mais harmoniosa e saudável para todos, fica complicado despertar a consciência social.

E essa consciência social é muito importante. O simples ato de repetir as palavras no nosso dia a dia faz muita diferença: ajuda a naturalizar os conceitos e a aproximar as palavras das ações. Quem convive comigo já ouviu a frase que repito sempre 'ninguém reconhece o que não conhece'. Como esperar que alguém que não vivenciou gentileza, generosidade, solidariedade, sustentabilidade, diversidade, respeito e cidadania saiba o que é isso? E mais: que dê valor a essas questões? Por isso, na plataforma EGG, acreditamos no processo educativo para estes 7 princípios, na infância ou o quanto antes – sempre é tempo."

Que maravilhosa a premissa de Marina: "*Ninguém reconhece o que não conhece*". A frase me lembrou de um ensinamento de Santo Agostinho manifestado depois de sua conversão, no livro *Confissões*. Ele disse: "Só se ama aquilo que se conhece".

Com esta frase, Santo Agostinho, que foi um dos mais importantes teólogos e filósofos nos primeiros séculos do cristianismo, cujas obras foram muito influentes inclusive no desenvolvimento da filosofia ocidental, quer nos ensinar que o conhecimento é premissa para o amor e que essa afirmação deve nos orientar em todas as nossas relações cotidianas.

A SOLIDARIEDADE NÃO É UM GESTO UNILATERAL

"A solidariedade é um gesto de mutualidade. Eu vivenciei o 'ser solidária' em várias situações. Fiz magistério, um Ensino Médio Técnico de quatro anos, em que me formei professora de Pré-Escola e Primário, que hoje correspondem à Educação Infantil e ao Ensino Fundamental 1. Meu primeiro estágio foi no oratório da escola onde estudava e, aos 16 anos, eu já estava numa sala de aula alfabetizando crianças entre 7 e 13 anos, que viviam em condições sociais e econômicas bem complexas no entorno da escola onde eu estudava. Olhando o passado, tenho a certeza de que mais que ensinar, eu aprendi muito, especialmente sobre gentileza e generosidade. Imagine crianças que, muitas vezes, sequer tinham estrutura de saneamento básico digno em suas casas, mas que tinham a dignidade de agradecer pelas aulas trazendo presentes simbólicos para mim. Um destes ficou na minha memória: aquela mãozinha pequena, bem sujinha por falta de higiene mesmo, com uma balinha colorida bem no meio da palma, toda desbotada, e a mensagem: 'Professora, eu trouxe essa balinha que é a mais gostosa de todas, porque é a que eu gosto mais, de presente para você!'.

Quanto ensinamento reunido vindo de uma criança: entregar o que tem de melhor, saber agradecer, aprender compartilhar, ser gentil – muitos adultos com formação escolar internacional e mãos higienizadas com fragrâncias raras não têm a mesma nobreza de postura e compostura. Como eu reagia? Tínhamos um preparo para isso, e usávamos um avental – o famoso avental da professora – com bolso frontal que, entre tantas utilidades, servia para guardar esses mimos. Eu não precisava comer a balinha, mas guardava com muito carinho todos os presentinhos das crianças e dizia: 'Agora eu não posso comer; estamos na aula! Depois eu como!'. Sem contar as batatinhas fritas, os biscoitinhos... E as crianças perguntavam depois do intervalo: 'Comeu, professora? Estava bom? Eu ia comer, mas preferi dar para você!'. É... esse tipo de aprendizado, só quem está lá para experimentar. Tudo isso representa muito em minha vida e em minha trajetória profissional; mais do que no bolso, eu guardei na memória, é algo indelével.

Não à toa me tornei estudiosa das relações de troca. Tenho três livros que abordam o assunto em diferentes dimensões: Gifting *(microeconomia das trocas),* Economia das Dádivas *(macroeconomia das trocas) e* Gestão Sistêmica para um Mundo Complexo *(trocas sistêmicas, complexas e integrativas), e tudo o que vivi, todos os olhares que guardei impactaram muito em minhas escolhas de temas, tanto para aprofundar academicamente como para colocar em prática nas metodologias com as quais atuo na Umbigo do Mundo.*

De novo, nunca é tarde; se você não teve a dádiva de conviver em um ambiente familiar, escolar ou comunitário onde princípios e valores humanos e humanitários estavam aplicados na prática, de maneira natural e não de forma forçada e artificializada, talvez fique um pouco mais complicado entender isso tudo. É uma questão vital essencial que integra corpo, mente, espírito; que estimula a inteligência social coletiva. Não se trata de uma disciplina que você aprende pontualmente para passar na prova, uma linha que você inclui no seu CV dizendo 'faço o bem para o mundo', ou um artigo que você posta nas redes sociais com o título 'Eu acredito em ESG'. É algo mais profundo porque é para a melhor convivência coletiva, para a melhor subsistência de todos, para a vida.

Idealizações à parte, o fato de estar também no mundo dos negócios me fez perceber a construção recente de uma narrativa solidária proforma, interesseira e interessada, com o intuito de fortalecer marcas de empresas, associações, entidades, organizações e mesmo lideranças e celebridades, com o intuito de chamar atenção e criar reputação. Ações mais mercadológicas, para garantir visibilidade, do que realmente sociotransformacionais.

No último ano de Magistério e já cursando Propaganda e Marketing na ESPM, trabalhei com Marketing Esportivo e vivenciei o paradoxo solidário e competitivo dos atletas, dirigentes esportivos e marcas patrocinadoras. Depois, aos 21 anos e já formada em Propaganda e Marketing na ESPM, iniciei uma trajetória profissional na publicidade, sempre levando estes valores na forma de fazer comunicação. Grandes aprendizados também: convivi com profissionais extremamente preocupados com as pessoas e com o planeta, e outros totalmente egoísticos e desrespeitosos, como um que sempre dizia: 'cabeças vão rolar', 'torture o fornecedor até chegar no preço', 'eu errei, mas quem tem que pagar a conta é você', entre outras balbúrdias.

Em 1999, fundei a Umbigo do Mundo, onde atendemos empresas, organizações e lideranças para ajudá-las a se conhecerem e, ao se conhecerem, serem capazes de aprimorar ativos que são relevantes para a sociedade e fazerem negócios de maneira sustentável, estratégica e consciente. Essa é a minha linha de atuação profissional.

Com mais de 350 marcas atendidas ao longo de 25 anos, dos mais variados segmentos, incluindo diversos projetos sociais, posso dizer que conheço razoavelmente a 'solidariedade de firma', aquela fabricada, criada pelo pessoal de marketing para garantir uma imagem boa junto aos colaboradores e junto ao mercado. Tudo vale,

desde que você não crie uma falsa imagem e não pratique ações que não se sustentem, pois isso além de não fazer a menor diferença para a sociedade ainda pode danificar a sua imagem.

Muitos acham ainda que o debate sobre a gentileza e generosidade só vai ganhar relevância quando estiver na capa do jornal, nas redes sociais, em estudos, pesquisas, indicadores. Faz todo o sentido, mas não pode parar por aí. O assunto precisa ir para o dia a dia. Temos que entender que está tudo conectado. Eu me lembro daquele olhar da criança que me deu a balinha conectado com o todo – economia, política, antropologia, história, ciência... – e não como um olhar isolado. Digo isso porque o cartesianismo acadêmico muitas vezes destrincha partes do saber e analisa a 'solidariedade isolada', em que você recorta um objeto de estudo. Mas solidariedade isolada não existe; só existe relacionada. Vivemos em um mundo interdependente onde tudo está ligado a tudo; precisou acontecer uma pandemia para percebermos. Criamos soluções para pessoas conectadas em rede, quando parte da população não tem acesso a saneamento básico, que dirá à internet. Desvalorizamos a sabedoria tradicional que nos trouxe até aqui e pensamos que tudo se resolve com Inteligência Artificial."

Marina escreveu sobre isso em seu livro *Gestão sistêmica para um mundo complexo*, no qual ela defende que a solidariedade é sistêmica.

"Há uma frase de Edgar Morin* que é o exemplo mais pleno da palavra solidariedade. Ele diz: 'O que mais se aproxima da complexidade é a solidariedade, porque o senso solidário é complexo por

* Sociólogo, antropólogo e filósofo francês.

si só'. A solidariedade é complexa, então é uma habilidade que, para você colocar em prática, precisa de todo um campo relacional extremamente sofisticado, do envolvimento de campos interdisciplinares ou multidimensionais. A frase de Morin, para mim, resume o que é solidariedade e por quais motivos fiz algumas escolhas, entendendo minha vocação para ensinar e para aprender. É nos sistemas de troca que criamos o senso de mutualidade, que aprendemos o poder da reciprocidade. Por isso é paradoxal a visão excludente da solidariedade, na qual uns são solidários, generosos, gentis..., e outros recebem a solidariedade, a generosidade, a gentileza. Tudo está ligado a tudo, e a 'sistemicidade' da solidariedade mostra esse processo como um circuito, e não como um modelo unilateral em que uns são doadores e outros são receptores, colocando algumas pessoas numa voz ativa e outras, na passiva. Depende da sua forma de olhar, do seu nível de prepotência e autossuficiência, que pode suplantar a percepção de potência e interdependência junto às outras pessoas."

EDUCAÇÃO PARA GENTILEZA E GENEROSIDADE

"Em um momento da minha caminhada, juntei todas as minhas experiências e – com minha equipe e considerando a educação como um caminho viável para a conscientização e a transformação social – traduzi na plataforma Educação para Gentileza e Generosidade, que oferece gratuitamente soluções sistêmicas integrativas, interdisciplinares e interpúblicos com base em nossos 7 Princípios, os 7PEGG (Princípios da Educação para Gentileza e Generosidade): gentileza, generosidade, solidariedade, sustentabilidade, diversidade, respeito e cidadania.

Para as escolas, metodologia com 27 planos de aula adaptados da renomada Learning to Give e adequados à nova BNCC, curso de formação de professores e prêmios.

Para as famílias, vídeos, leituras e atividades para melhorar o convívio e desenvolver virtudes humanitárias.

Para jovens lideranças sociais, eventos e oportunidades de conexão e visibilidade.

Para a sociedade, estudos e pesquisas inéditos com crianças e jovens.

Para ambientes de trabalho, dinâmicas de desenvolvimento humano para programas de treinamentos e materiais de comunicação e ambientação, além do Manual de Conhecimento e Autoconhecimento e o Teste dos 7 Princípios. Tudo programado para ser descomplicado, acolhedor e acessível, facilitando a multiplicação e a implementação.

Nós temos testemunhos de escolas que, desde 2020, estão implementando a nossa metodologia, criando projetos-piloto e desenvolvendo diversas atividades derivadas dos nossos planos de aula, e podemos dizer que os professores entenderam muito bem a nossa proposta: um sistema que pode ser implementado transversalmente em todas as disciplinas ao longo do ano, como forma prática e não como teoria encaixotada.

Oferecemos metodologia, planos de aula, dinâmicas de desenvolvimento humano, curso de formação de professores e de jovens, estudos e pesquisas, atividades lúdicas, material audiovisual, prêmio, testes, manuais... Enfim, recursos, informações e exemplos que são potentes, são fundamentos para que as pessoas tenham contato com a solidariedade e nossos demais princípios, mas o processo de consciência depende de cada um. Eu não posso garantir que estou mobilizando e conscientizando pessoas, pois isso depende do que cada um fará com as ferramentas que disponibilizamos.

Eu diria que são etapas:

1. *Você pode dar atenção à minha informação ou não, receber ou não.*
2. *Se recebeu, você pode compreender ou não.*
3. *Se compreendeu, você pode dar valor ou não.*
4. *Se deu valor, você pode compartilhar ou não, pode dar sequência na sua vida ou não.*

Minha mente está neste set up: estamos fazendo a nossa parte com o que sabemos fazer de melhor, entendendo que tudo é um sistema, e que não depende apenas de nós, mas sim dos diversos públicos com os quais nos relacionamos. Sabemos também que, quanto mais campos neurais ativarmos, mais teremos chances de fortalecer a memória afetiva e gerar, quem sabe, alguma retenção dessas informações: uma memória perceptiva positiva, que ao ser evocada, em qualquer fase da vida de todos com os quais nos relacionamos, pode inspirar e despertar a vontade de colocar isso tudo em prática. Trabalhar campos semânticos, por exemplo, ajuda a destrinchar o verbete para que ele se expanda na vida. Cantar – já que os males espanta – ajuda a memorizar de forma lúdica. Ver exemplos gera aproximação e a sensação de 'eu também consigo'. Quanto mais repetição, de formas diferentes e complementares, melhor! Apesar de todo o conteúdo estar disponível na plataforma, sempre aberto a atua-

lizações, estamos constantemente atentos a novas ferramentas que possam ajudar nesse processo."

Com clareza meridiana, Marina acredita que conseguiu tocar mais corações do que passar em branco com suas iniciativas.

"Acredito que toquei corações, sem dúvida alguma. O que eu acho apenas é que não posso prometer a transformação do outro, pois não existe a garantia de que o outro vai entender. E aqui eu cito uma frase de Garcia Lorca: 'As coisas não são como são, são o que recordamos e como nos recordamos'. Nesse território, quem promete que está transformando o mundo num mundo mais solidário, sem entender a consciência do outro, talvez seja um pouco ingênuo. Agora, o que eu tenho percebido nesse curto espaço de quase quatro anos da Educação para Gentileza e Generosidade é que está acontecendo muita transformação, e isso é maravilhoso. Diariamente, tenho inúmeros motivos para falar que funciona, para falar que, com muito pouco, conseguimos, em redes de redes, transformar realidades e inspirar mais e mais pessoas."

O VERBETE TEM QUE CIRCULAR

Marina lançou uma pesquisa chamada "O que é, o que é: Solidariedade". E essa pesquisa trouxe uma hipótese que ela já tinha em mente sobre o desconhecimento das pessoas sobre o que é ser solidário de fato.

"Quando fizemos a pesquisa, houve mais do que um equívoco sonoro, houve um sonoro equívoco sobre o que é ser solidário. As crianças confundiram ser solidário com ser solitário. 11% da base

trouxe essa distorção perceptiva, o que é um número bem grande numa pesquisa qualitativa. É a falta de uso do verbete: se a palavra não circula, a atitude não está acontecendo e vice-versa."

Veja o artigo que Marina Pechlivanis escreveu sobre o assunto:

Solidariedade solitária

***Pesquisa:* Crianças de seis a nove anos confundem solidariedade com solidão.**

A solidariedade não pode ser solitária.

Em tempos de generosidade em alta na bolsa de valores humanitários, o que faz uma criança confundir solidariedade com solidão?

Seria a falta de repertório sobre o que é a solidariedade? A pouca convivência com gestos e atitudes fraternos? Ou a sensação de estar sozinho para fazer a diferença na vida de alguém, sem o reforço das pessoas ao redor?

Como transmitir valores importantes para seu filho?

Antes de avaliar a percepção das crianças, vale refletir sobre a conduta dos adultos. Afinal, o que é que as famílias e as escolas têm ensinado sobre humanidades para as crianças? E o que a mídia tem reforçado sobre atitudes colaborativas, não violentas, tolerantes e inclusivas? Exigir consciência social das novas gerações, quando a prática do dia a dia nas esquinas, nas casas e nas salas de aula muitas vezes é bem distante disso, foi um dos fatores que estimularam a realização da pesquisa 'O que é, o que é: Solidariedade', promovida pela plataforma de Educação para

Gentileza e Generosidade (EGG). Mais que suposições, o objetivo foi entender como as crianças brasileiras compreendem os conceitos, muitas vezes abstratos, de princípios como gentileza, generosidade, solidariedade, sustentabilidade, diversidade, respeito e cidadania, com o objetivo de oferecer metodologias e narrativas mais precisas, para que estas palavras ganhem cada vez mais sentido prático junto às novas gerações.

Participaram da pesquisa 73 crianças de um a treze anos, em todas as regiões do país. Apesar de as menções positivas serem maioria, compondo 89% das respostas e trazendo sinônimos como 'ajudar', 'bondade', 'fazer o bem', 'amar', 'carinho e cuidado', 'ser gentil', 'doar' e 'ser feliz', foram os 11%, de respostas negativas, remetendo à solidão, que geraram um ponto relevante de atenção. A confusão entre 'ser solidário' e 'ser solitário' se deu em crianças de seis a nove anos, 80% estudantes da rede privada de ensino. Seria apenas um equívoco sonoro ou seria um sonoro equívoco que precisa ser esclarecido o quanto antes para o bem comum?

A visão das novas gerações pode mudar a visão dos adultos

"Em breve, seremos apoiados por uma nova geração. Que geração é essa? Estão preparados? E nós, que tanto queremos mudança, um mundo melhor, responsabilidade social... Estamos preparados para novas formas de liderança?

Nas últimas décadas, experimentamos um sistema formativo agressivo e competitivo, em que para alguns serem bem-sucedidos – na hora de entrar na faculdade ou de conseguir um emprego, por exemplo –, outros tinham que falhar. Esse tipo de entendimento excludente fez com que a moldagem de uma geração inteira não levasse em conta valores como os 7PEGG. Foi criada a mentalidade de 'melhores e maiores do mundo', em vez de 'melhores e maiores para o mundo: meu mundo, seu mundo, nosso mundo'.

Mas há boas perspectivas: vamos nos animar e solidarizar esta animação, para que seja contagiante. Vou citar três exemplos. O primeiro é o Prêmio Educação para Gentileza e Generosidade Escolas, que está na 4ª edição e mostra o senso cidadão, o comprometimento e a criatividade na resolução de problemas traduzidos em forma de projetos feitos por crianças, jovens e professores que estão fazendo a diferença em todo o país, e sendo reconhecidos por isso. O segundo é a pesquisa '3 Coisas que eu Quero Melhorar no Mundo",** que está na 4ª edição, já ouviu mais de duas mil crianças e jovens e mostra o alto nível de consciência social das novas gerações, assim como a grande preocupação com a Educação. E, para finalizar, o programa 'Gentileza e Generosidade: O Poder dos Jovens, no 'Observatório do Terceiro Setor',*** que soma em seu acervo cerca de 40 horas de entrevistas. Como entrevistadora, dou voz e vez às novas gerações para que consigam mostrar os projetos incríveis que estão fazendo por todo o Brasil e, quem sabe, inspirar outras crianças, jovens, famílias, escolas, empresas, a sociedade toda. A mudança já começou, e todo mundo faz parte desse processo, mas temos muito trabalho pela frente!"*

---

* GENTILEZA & GENEROSIDADE. *Resultado do Prêmio 2023.* Disponível em: https://www.gentilezagenerosidade.org.br/resultadopremio-2023. Acesso em: 19 jul. 2024.

** GENTILEZA & GENEROSIDADE. *3 Coisas para Melhorar em 2023.* Disponível em: https://www.gentilezagenerosidade.org.br/3-coisas-paramelhorar2023. Acesso em: 19 ago. 2024.

*** OBSERVATÓRIO 3 SETOR. Disponível em: https://observatorio3setor.org.br/. Acesso em: 19 jul. 2024.

Ouvi uma vez:
"A alma vazia de amor é como um barril vazio
que qualquer vento tomba".

CAPÍTULO 5
NÃO VÁ DORMIR SEM UM ATO DE GENEROSIDADE!

Uma obviedade ensurdecedora é o fato de precisarmos uns dos outros para sobreviver. Só que, vez ou outra, temos que revisitar essas obviedades para nos darmos conta da coerência de nosso proceder em sociedade. Durante a pandemia, muitos foram os profissionais, influenciadores e pessoas públicas que usaram suas redes sociais para espalhar mensagens de esperança e também para acordar os que haviam se fechado em si mesmos. O conteúdo a seguir foi um ensinamento da filósofa Lúcia Helena Galvão que, como tudo o que aprendemos durante a pandemia, é indelével. Prof.ª Lúcia foi incansável ao afirmar que era fundamental pensarmos no outro para nos sentirmos mais amparados. Veja o que ela diz.

"Eu tenho falado constantemente nesse período de isolamento em que vivemos que, para que você sofra menos, se sinta menos solitário e tenha menos autopiedade e menos medo, inclusive, você deveria pensar mais no outro. Procure prati-

car um ato de generosidade por dia. Quanto mais pensamos no outro, mais ampliamos a nossa visão e menos ficamos voltados às nossas próprias dores – e maximizando essas dores – quando há tanta gente em situações muito piores. Só vamos sair desta crise lá na frente se estivermos juntos; porque as portas de saída da pandemia vão nos oferecer uma crise econômica, social, política, com poucos precedentes em nossa história recente. Não vai dar para sairmos dessa crise sanitária gigantesca e com tantas consequências pensando só em nós mesmos e voltando àquela bolha que vivíamos antes. Vamos ter que sair juntos, vamos ter que pensar em nossa comunidade, na humanidade como um todo. Sempre é relevante ter atitudes generosas.

Não vá dormir sem um ato de generosidade! Eu garanto que, sem nem colocar a chave na sua porta para sair, você disporá de inúmeras possibilidades de ser generoso; e pode até fazer muito mais do que fazia no tempo de pseudonormalidade.

Por exemplo: Lembre-se todos os dias de alguém que pode estar necessitando de seu apoio, dê um telefonema ou escreva uma mensagem dizendo: 'Olha, eu estou aqui, se você estiver solitário e precisando de alguma coisa, lembre-se de que estou aqui'.

Coloque em suas redes sociais ou no WhatsApp uma frase que eleve o ânimo das pessoas e traga mais esperança àquelas que não veem mais saída.

Ligue para uma rede de supermercados pedindo para entregar uma cesta básica em uma instituição séria, que faça a distribuição desse alimento para famílias carentes.

Quantos não são os atos de generosidade que podem ser praticados no aconchego de nosso lar! Use a sua criatividade e seja

generoso sempre e em todo lugar! Alguém tem que resgatar quem está vulnerável. Este alguém pode ser você!"*

Fazer uma boa ação por dia é mais do que apenas uma frase, é um princípio que, se adotado, pode transformar vidas e impactar positivamente o mundo ao nosso redor.

Ao fazer uma boa ação por dia, abrimos nossos corações para o amor e a compaixão. Isso nos lembra da nossa conexão com o outro e nos encoraja a agir de forma altruísta. Essas ações podem variar desde gestos simples, como segurar a porta para alguém, até a participação em projetos voluntários em comunidades carentes.

Uma boa ação pode ter um impacto imediato, mas também pode criar um efeito cascata. Quando fazemos algo de bom por alguém, inspiramos aqueles ao nosso redor a fazer o mesmo. Um simples ato de gentileza pode desencadear muitos outros atos, espalhando bondade e positividade por toda a sociedade.

Além disso, quando nos envolvemos em boas ações, experimentamos uma sensação de propósito e significado em nossas vidas. Saber que podemos fazer a diferença na vida de alguém, mesmo que seja pequena, nos traz uma satisfação profunda.

À medida que nos envolvemos em atos de bondade, desenvolvemos uma compreensão mais profunda das necessidades dos outros e aprendemos a apreciar as bênçãos que temos em nossa própria vida. Isso nos torna mais conscientes das injustiças e

* Conteúdo disponível no canal de YouTube Nova Acrópole Brasil e cedido pela filósofa Lúcia Helena Galvão. CANAL NOVA ACRÓPOLE BRASIL. A generosidade pode mudar o mundo. Prof. Lúcia Helena Galvão de Nova Acrópole. YouTube. Disponível em: https://www.youtube.com/watch?v=KcLo4ZKIY0I. Acesso em: 19 jul. 2024.

nos motiva a buscar soluções para os problemas que enfrentamos como sociedade.

Embora uma boa ação possa parecer algo pequeno e insignificante, nunca subestime seu impacto. Um sorriso, uma gentileza ou uma ajuda desinteressada podem iluminar o dia de alguém e oferecer esperança em momentos difíceis. Não importa o quão ocupada ou desafiadora seja nossa vida, sempre podemos encontrar uma maneira de fazer a diferença no mundo e sermos um farol de bondade, deixando, assim, um legado de solidariedade para as futuras gerações.

Ouvi uma vez:
"Há pessoas que morrem ignorando
o significado da palavra amor".

CAPÍTULO 6
GRATIDÃO E RETRIBUIÇÃO

O título deste capítulo foi inspirado na história de Caroline Farias, que é líder do Dia de Doar no Brasil, que fomenta a prática de filantropia comunitária nos mais diversos tipos de comunidades por todo o país. Ela também alimenta diariamente o Monitor das Doações. Acredito que a Caroline personifica uma afirmação de Manoel Oliveira, cofundador do Instituto Semear, que já impactou mais de cinco mil jovens. Ele disse: "Na hora em que os alunos são selecionados, nós percebemos que já trazem latente a necessidade de devolução à sociedade daquilo que eles vão receber". Compartilho do mesmo pensamento de Manoel no que diz respeito à transformação de vidas que se replica *ad infinitum*.

Para compreender a frase dele, é preciso explicar o que faz essa ONG. O Instituto Semear foi fundado em 2010 com o objetivo de oferecer oportunidades de desenvolvimento para jovens universitários de baixa renda, para que eles permaneçam no ensino superior lutando por seus sonhos e, também, alcancem o emprego desejado. Por meio da Bolsa-Auxílio, Mentoria e Rede de Contatos, os três pilares fundamentais do Instituto Semear, os jovens se desenvolvem para se tornarem líderes multiplicadores.

Todos somos diamantes brutos e podemos ser transformados em joias belíssimas. Para tanto, é preciso ter alguma oportunidade que abra esse caminho e muito empenho de nossa parte para seguir adiante.

Foi mais ou menos o que aconteceu com a Caroline. Ela viveu a infância e a adolescência em um bairro que fica na divisa de três municípios paulistas e diz que nenhuma prefeitura se sente de fato responsável pelas melhorias que devem ser feitas no local: saneamento, educação, lazer etc. Sendo assim, a região é deficitária de oportunidades de crescimento para seus habitantes.

Caroline conta que a vizinhança amigável, solidária e generosa fez toda a diferença em sua vida e na realização de seus sonhos.

> ***"Eu cresci numa situação muito difícil e fiquei feliz demais quando, recentemente, a direção do Giving Tuesday (GT) me convidou para representar o Brasil em um congresso com 86 países para falar sobre generosidade. Tivemos uma semana para entender o que cada um de nós estava fazendo e de que forma, para criar novos caminhos, novas possibilidades, novos rumos para o Terceiro Setor em todas as suas facetas, e este era o sonho da minha vida!***
>
> ***Eu moro na divisa de São Paulo, São Caetano e Santo André, que não é o pior lugar do mundo para se viver, mas... é bem esquecidinho. Fica na periferia e não tem muito acesso aos aparelhos públicos. Como é divisa, os prefeitos esquecem um pouco do lugar. E ainda por cima, minha família sempre foi o patinho feio entre os parentes. Tanto que sempre tivemos parentes com acesso a***

boas escolas e com recursos financeiros, e nós vivemos sempre de uma forma muito difícil. Minha mãe foi adotada por uma família racista e sofreu as consequências disso, e vários outros problemas passaram pela minha história, fazendo com que eu crescesse num contexto muito complicado, muito pobre e doloroso. Desde bem nova, eu entendi que estava errado tudo aquilo, que eu não precisava viver com tão pouco, que outras pessoas estavam estudando inglês e eu não; que muitos comiam no intervalo da escola pública e eu não. E eu pensei comigo mesma: não vai ser fácil, mas eu vou atrás dos meus sonhos e metas.

Devo dizer que minha família, especialmente minha mãe, sempre foi o ponto focal das doações em nosso bairro. Todo mundo que tinha alguma coisa para doar deixava aqui em casa e minha mãe, muito generosa, entregava para quem precisava. Nesses relacionamentos, uma vizinha que olhou para a situação da minha família – para mim e meus dois irmãos – me deu meu primeiro computador. Tudo começou aí. Ela, no fundo, sabia que nós estávamos estudando e que ter um computador em casa seria bom para todos. Depois, ela me deu meu primeiro videogame.

Eu queria fazer Belas Artes, pois a arte sempre foi vista pela minha família como um meio de sair desse contexto de pobreza e alcançar novos horizontes. Meu irmão foi fazer música no Itaú Cultural e eu sempre soube que havia alguns acessos, como ONGs, programas públicos, programas de bolsa etc. para nos dar novas possibilidades na vida.

Enfim, consegui uma bolsa de estudos e fui para a faculdade. Quando cheguei lá, dei de cara com a realidade mais cruel que eu poderia ter. A minha faculdade custava caro, eu era bolsista, eu demorava mais de uma hora para chegar e ir embora, eu não tinha cartão de crédito, e eu tinha que fazer das tripas coração para não chegar atrasada, estudar, trabalhar e ajudar em casa. Então, para mim, não fazia sentido pegar tudo que eu aprendi e aplicar numa empresa do Segundo Setor. Simplesmente não consegui trabalhar em uma empresa. E eu fui atrás do que não me tinha sido oferecido naturalmente. Fiz vários cursos diferentes, sempre trabalhei muito! Meu objetivo era aprender tudo sobre o Terceiro Setor.

E, finalmente, eu cheguei ao Terceiro Setor, muito porque eu queria dar de volta para o mundo tudo que eu tinha recebido das pessoas generosas que me deram bilhete único carregado, alimentação pronta para que eu pudesse comer entre o trabalho e os estudos, aparelho dental para corrigir o grave problema que eu tinha na arcada dentária e outras coisas mais. Sempre olharam para mim de uma forma carinhosa, tipo: 'vamos ajudar essa menina pois ela está muito determinada!'

Eu sinto bem no meu íntimo que, hoje, estou tentando dar sequência a tudo que aprendi diante do jeito como fui criada."

DIA DE DOAR

Um dia para lembrar que é preciso doar para quem precisa. Todos podem participar, seja doando dinheiro, como voluntário ou engajando familiares, amigos, vizinhos ou colegas de trabalho.

"Sou jornalista por formação e hoje sou responsável pela liderança do Dia de Doar no Brasil. A ação nasceu no Giving Tuesday, movimento global de incentivo à generosidade radical. Nós trabalhamos e fornecemos ferramentas práticas para

que as pessoas possam construir suas próprias mobilizações e movimentações para engajar as pessoas dentro das instituições, a fim de que elas façam doações e participem das construções para a transformação social.

O GT foi muito inspirado no livro O Novo Poder, *de 2013, baseado nos movimentos "Me too" e "Black Lives Matter". O objetivo desses dois movimentos era usar a participação popular massiva on-line para que as pessoas pudessem compartilhar suas próprias histórias relacionadas a isso.*

Pensando nesse movimento e na estrutura de poder que se cria quando se consegue unir a população pelas mesmas causas, um grupo de pessoas engajadas criou o Giving Tuesday. O que muita gente não sabe é que esta hashtag é um contraponto à Black Friday. O que a gente tem na Black Friday é um consumo desenfreado, e o objetivo foi então incentivar a doação desenfreada ou, se preferir, a generosidade radical.

Apenas cinco países abraçaram a ideia no início, mas hoje são 90 países que levam essa mensagem a seus territórios. O Dia de Doar chegou ao Brasil em 2014 e o Brasil é um dos países que tem uma das maiores movimentações do Giving Tuesday no mundo!

Os primeiros articuladores foram Marcelo Estraviz, João Paulo Vergueiro, Joana Mortari, Silvia Naccache e Celia Cruz, todos eles, pessoas que tinham e têm ainda relevância no Terceiro Setor.

O pessoal do Movimento por uma Cultura de Doação entende o Dia de Doar como a campanha de comunicação que impulsiona a doação no Brasil, fazendo com que pessoas físicas que têm 20, 30 reais para doar entendam seu papel no contexto da filantropia, pois muita gente acha que filantropia é coisa de quem tem muito dinheiro. Não são só as pessoas ricas que têm esse papel de doar para transformar o mundo em um lugar melhor para se viver. O Dia de Doar é a ferramenta principal para comunicar o que é esta cultura de doação fora da bolha do Terceiro Setor ou dos pensadores acadêmicos, pesquisadores e consultores em ESG. Queremos falar de um jeito simples para que todos entendam, porque, nesse tempo dos algoritmos, sabemos que é muito fácil estarmos nos comunicando apenas dentro de uma bolha. Nosso objetivo é falar sobre filantropia para todos, a fim de que a doação seja vocalizada frequentemente em nossa vida, seja parte do nosso assunto no jantar, nas rodas de família e amigos. Temos que fortalecer as doações para as instituições que estão trabalhando na transformação de vidas e promover a mudança de mentalidade sobre o tema."

TODOS SOMOS INVESTIDORES PARA UM MUNDO MELHOR

"A primeira ação do Dia de Doar foi realizada em uma feira com participação de instituições importantes como o Greenpeace e a Base Colaborativa. Foi feito como que um cofrinho para colocar moedas nele, sim, como aquele icônico 'porquinho' das crianças. Foi a primeira sementinha plantada do Dia de Doar e, desde então, sempre foi conduzido no Brasil pela ABCR – Associação Brasileira de Captadores de Recursos. Em 2023, participamos do lançamento do Núcleo da América Latina e Caribe do Giving Tuesday, liderado por João Paulo Vergueiro.

Voltando ao início desse movimento, foi em 2014 mesmo que o JP Vergueiro construiu os primeiros materiais de divulgação. O Movimento é descentralizado, tanto que o GT não faz financiamentos, o que a organização faz é enviar as ferramentas para que nós possamos gerar conteúdos nos quais outros países possam se inspirar. São posts para redes sociais, vídeos com locução, músicas, templates*; e todos os materiais do Giving Tuesday que nós traduzimos para o português nos garantem agilidade. As formas de divulgarmos este dia foram sendo ampliadas com o tempo e com a necessidade de atingirmos mais e mais públicos. Há todo um método de trabalho bem definido para a divulgação do evento, com planejamento e prazos a cumprir para que não se perca o timing da ação; tudo isso visando que a campanha tenha um significativo impacto de captação de recursos para as organizações sociais. E tem que ser sempre algo alegre para falarmos de solidariedade e comunicarmos a ideia de que cada um tem seu papel de 'investidor' para um mundo melhor. Todos precisam entender que temos de ter felicidade, alegria e união para avançar nessa caminhada, pois se não nos unirmos, as pessoas só vão ter uma triste sensação de culpa e não vão contribuir para resolver os problemas gerados pela desigualdade em nosso país; afinal, não é salutar ficar alheio ao mundo como ele é e pensar que não há nada que se possa fazer. Que cada um dê o seu melhor e faça a sua parte nessa história, esteja onde estiver.*

Na verdade, eu digo que o Dia de Doar é um dia de festa, dia de fazer barulho na cidade para promover a cultura da doação, da generosidade, da solidariedade. Essa é a proposta da campanha, que entra nas organizações do Terceiro Setor como uma forte estratégia de captação de recursos, porque estamos falando para as pessoas que todo dia é dia de doar, mas que tem um dia especial no ano para doar para as ONGs, que estão na linha de frente na luta para diminuir as desigualdades e dar oportunidade de crescimento para quem geralmente não as tem."

CAMPANHAS COMUNITÁRIAS

Com o crescimento e a profissionalização do setor e as métricas do mercado, muitas organizações da sociedade civil começaram a achar que não estavam sendo competitivas, porque, afinal, estava todo mundo no Dia de Doar e, sendo assim, os gestores achavam que não poderiam conseguir destaque individual junto a potenciais doadores. E como lidar com esse descontentamento justamente porque todo mundo estava participando do mesmo evento ao mesmo tempo? Carol Farias traz a resposta.

> ***"Percebemos esse movimento de descontentamento e começamos a construir campanhas comunitárias. E o que são essas campanhas?***
>
> ***São coletivos de instituições sem fins lucrativos que a gente incentiva, mentora, apoia e dá suporte de todas as formas possíveis. Assim, foi criada uma rede de colaboração entres essas comunidades para que elas pudessem construir movimentos de impulsionamento da cultura de doação de uma forma coletiva.***
>
> ***Vou dar um exemplo prático.***
>
> ***— Eu moro na cidade de São Caetano do Sul. Se aqui existem 15 ONGs e, se cada uma fizer uma ação sozinha para se promover no Dia de Doar, elas estarão competindo pelos mesmos doadores, pelas mesmas empresas, pelo mesmo prefeito etc. Se eu quiser colocar minha campanha para ser abraçada pela prefeitura, pelo Fundo Social ou pela Secretaria de Assistência Social, com a campanha comunitária, é criada a oportunidade de as organizações trabalharem em conjunto. Dessa forma, em vez de competirem, as 15 instituições se unem e criam campanhas e uma estratégia para***

decidir com quem falar, quem engajar e para quem pedir apoio. Nessa caminhada, todas as organizações crescem juntas. Com as campanhas coletivas, a quantidade de pessoas que se identificam com esse movimento e que querem levar os projetos adiante em seus territórios vai crescer cada vez mais.

É um trabalho superdifícil, não vou negar. Trabalhar em conjunto e ter colaboração mútua é um desafio, mas estamos superando as diferenças e construindo um terreno cada vez mais fértil para que as pessoas consigam desenvolver esses movimentos com parceria e eficácia.

Nesse contexto e com essa mudança de uma ação macro para as microrregiões, nossos materiais de campanha são direcionados para um viés regionalizado. Temos um guia de campanhas, que é um documento de várias páginas, um tutorial, para mostrar como fazer as campanhas passo a passo, com cronograma, com espaço para colocar o mote, para pensar nos convidados e parceiros e para definir o que vai ser feito e quando.

Então, hoje temos todos os tipos de materiais de apoio para construir movimentos colaborativos de impacto e de impulsionamento da doação, temos planejamento mensal de redes sociais que todas as instituições do Brasil podem fazer download, tendo um mês inteiro de conteúdo para impactar seus públicos e reforçar o quanto a doação de cada um é importante. Diante desses kits, uma ONG do interior do Piauí, por exemplo, que eventualmente não tenha equipe de marketing e design para fazer a campanha de comunicação, acaba tendo nesse material do Dia de Doar um modelo para fazer algumas adaptações e tocar para frente. Desde as instituições maiores até as menores, todas podem desenvolver suas campanhas a partir dessa infraestrutura de comunicação que formatamos. Levar as campanhas para o coletivo acaba facilitando tudo, pois com toda essa parte técnica pronta, o trabalho que cada ONG passa a ter é criar contatos e azeitar os relacionamentos para que todo mundo trabalhe junto.

Essa estratégia está dando muito certo: em 2021, tínhamos 30 campanhas comunitárias e, em 2022, esse número subiu para 72. Foram 72 pessoas em cidades diferentes que decidiram abraçar a ideia de construir um movimento dentro da sua própria cidade e trazer todos os parceiros e apoiadores possíveis, a fim de ocupar todos os lugares possíveis da cidade com a divulgação do seu projeto e da sua causa. Quando eu digo todos os espaços, estou falando que o pessoal pode ir ao mercadinho e pedir para fazer ação de doação no Dia de Doar, pode ir à rádio comunitária para pedir um tempo no ar para as instituições poderem falar de seus projetos, pode ir ao prefeito pedir espaço ou infraestrutura para realizar um evento, conversar com colaboradores das empresas da cidade, e mais 'n' possibilidades. Quer ver uma coisa importante também de se fazer: engajar os colaboradores da própria organização social para que eles virem embaixadores da mensagem e falem sobre generosidade e solidariedade para seus familiares, vizinhos e todas as pessoas do seu entorno e convívio."

COMUNICAÇÃO PARA TRANSFORMAÇÃO

"Eu não tenho dúvida de que é um trabalho hercúleo chamar as pessoas para serem solidárias, e acredito muito na força da comunicação como ferramenta primordial nesses tempos de redes sociais e globalização. No entanto, a grande verdade é que as pessoas não deveriam precisar de uma parafernália para entender a

importância de serem solidárias. Eu acho mesmo que os brasileiros não entenderam ainda quem está fazendo a diferença; ora, cada um de nós a seu jeito! E, repito, não apenas os que têm muito dinheiro devem se sentir nesse papel.

Nós sabemos que os brasileiros são solidários desde sempre. Se tem alguém precisando de aula, a gente vai lá e dá aula, se tem alguém precisando de comida, a gente leva uma marmita... Pensando em culturas de outros países, o brasileiro está à frente na questão da colaboração, das trocas, do olhar para o outro e entender a necessidade que ele tem. Entretanto, o que se faz muito são doações pontuais. Então, eu, Carol, vejo uma pessoa com fome na rua, vou lá, compro uma marmita e dou para essa pessoa. Temos uma forma de lidar com a solidariedade que é muito assistencialista. Precisa disso também, mas acredito que a solidariedade sempre esteve muito atrelada ao verbo 'ajudar', que quando falamos em ajudar, estamos nos colocando do outro lado do muro porque entendemos que estamos ajudando alguém que precisa mais do que nós. Não é isso. Nesse ecossistema que deve ser igualitário, nós também precisamos dessa troca tanto quanto a outra pessoa.

Então, acredito que a comunicação tem força suficiente para mudar o pensamento das pessoas em relação às ONGs. Tem muita gente que pensa: 'ah, a ONG já tem dinheiro, não preciso ajudar', ou 'o trabalho que a ONG faz é supérfluo', ou ainda 'tem uma ONG no meu bairro, mas nem sei o que eles fazem e nem quero saber porque eles devem ter dinheiro da prefeitura'.

Estamos criando ferramentas para as instituições serem capazes de conversar com seus públicos, seus vizinhos e com outras pessoas comuns, multiplicando a mensagem. É preciso entender que, se conseguirmos doar 20 reais por mês para aquela ONG que está no nosso bairro, ela não vai somente conseguir ajudar aquelas famílias em situação de vulnerabilidade, mas vai poder trazer novas perspectivas de futuro para as crianças. A ONG do bairro pode trazer novas perspectivas também para aquele idoso que estava abandonado, para aquele vizinho que está com uma doença incurável ou para aquele morador de rua. Sim, as perspectivas para melhorar as coisas ao nosso redor existem!

No Brasil, as pessoas precisam entender que quem está trabalhando no Terceiro Setor está atuando nesse palco e precisa de dinheiro suficiente para fazer isso. E esse dinheiro está perto de nós, não está lá nos Estados Unidos nem na Suíça. O Brasil é um dos países mais desiguais do mundo, e isso precisa mudar! Quem dá a sua contribuição está fazendo um investimento social para um futuro melhor, além do mais, a riqueza concentrada nas mãos de poucos não faz bem a ninguém, nem àqueles que detêm fortunas.

Se ninguém pedir, ninguém doa! E esse pedido é o que a comunicação faz, ela abre um canal de voz, chega à pessoa que tem a possibilidade de doar e promove essa troca benéfica a todos. Ninguém pode negar que estamos com um problema bizarro de saúde mental, parece que as pessoas não se conectam com nada e se sentem sozinhas. A comunicação serve como um despertamento para trazer essa conexão que falta: conexão das pessoas com o mundo e consigo próprias."

O MONITOR DAS DOAÇÕES EM CADA MOMENTO

Como Carol Farias participa da equipe que alimenta regularmente o Monitor das Doações, ela pondera que os brasileiros continuam doando mais em situações de tragédia, quando a comoção é geral. Os eventos extremos do clima, infelizmente, estão proporcionando muitas catástrofes, bem como a falta de ações preventivas em muitas cidades brasileiras. Nem precisamos citar a pandemia, quando bilhões de reais foram doados às organizações da sociedade civil, que assumiram a linha de frente para fazer toda sorte de produtos chegar a quem precisava. Eram voluntários que, com máscaras de proteção e álcool em gel em mãos, saíam pelas ruas com comida e o que mais fosse necessário para acudir as populações em situação de vulnerabilidade. É importantíssima essa ajuda emergencial e ninguém nega sua necessidade, mas a tal cultura da doação enraizada nos corações se mostraria benéfica em todos os momentos, e não apenas quando há acontecimentos desastrosos de grandes proporções.

Doadores

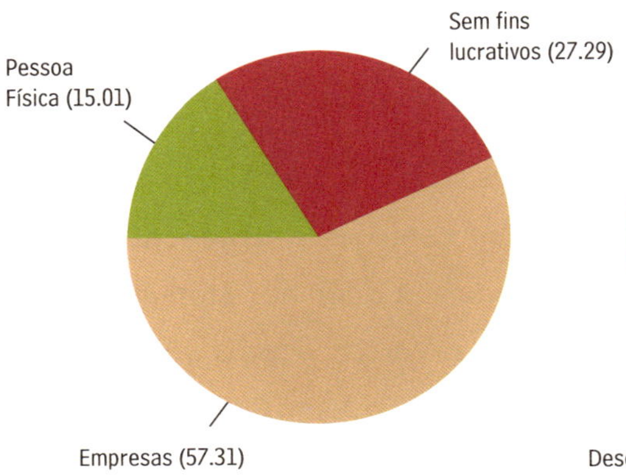

Perfil das doações

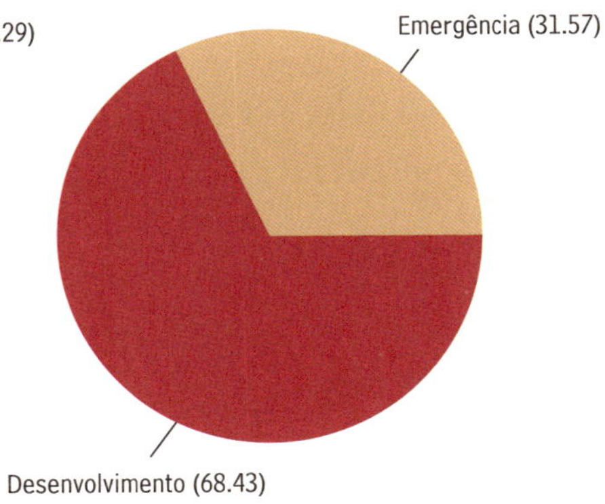

O gráfico mostra o perfil das doações no recorte de dezembro de 2023. Foram doados R$ 474,9 milhões.

O Monitor das Doações,* criado no início da pandemia de COVID-19, é realizado pela ABCR com apoio do GIFE – Grupo de Institutos, Fundações e Empresas, em parceria com o Movimento por uma Cultura de Doação, Instituto Mol, Movimento Bem Maior, Morro do Conselho e Fundação José Luiz Egydio Setúbal. A equipe da ABCR atualiza as informações diariamente com notícias publicadas no Brasil sobre doações feitas ou por fazer em cada ano, por empresas ou pessoas físicas. Os dados são públicos, coletados na internet, e nenhum valor é somado se não for público e referente a doações passíveis de identificação da fonte primária.

A proposta do Monitor das Doações é proporcionar uma ferramenta capaz de trazer uma melhor visão de como é a generosidade no Brasil, sendo o valor de doações feitas um importante número para acompanhamento da sociedade.

Dentro da metodologia do Monitor, são consideradas apenas doações individuais com valor mínimo de três mil reais. O objetivo é consolidar e conhecer os números das doações realizadas no país, promovê-las e inspirar ainda mais doações.

> ***"Eu acho que a pandemia trouxe um olhar mais atento às ONGs e no potencial delas de captar recursos, já que todos ficaram mais solidários e entenderam o problema como uma urgência muito grande. Entretanto, as pessoas tendem a doar em momentos de urgência, e isso não é tão simples de reverter. Depois que passou o momento mais dramático da pandemia, o Monitor das Doações começou a mostrar uma doação de empresas aqui, outra ali, para uma ONG específica e programas de troco de algumas empre-***

* MONITOR DAS DOAÇÕES. Disponível em: https://www.monitordasdoacoes.org.br/pt. Acesso em: 19 jul. 2024.

sas; mas quando teve a catástrofe em São Sebastião, os números ficaram '*big master blaster*', e tudo isso tem muita relação com a comunicação também e informação massiva na mídia. Temos que trabalhar muito para que todos entendam que as organizações sociais precisam de doações constantes para se manterem ativas e tocando suas causas. Nós já vivemos a urgência no dia a dia, não precisa cair uma montanha com uma chuva torrencial para acudir as pessoas. Isso é remediar. Nós conseguimos trabalhar na prevenção se tivermos os recursos necessários!"

PARA AMPLIAR O CÍRCULO DA GENEROSIDADE

Outra data importante criada no calendário foi o Dia de Caridade. Ele é muito bem-vindo e proporciona um momento de união de forças para conseguir doações. A ideia de que todos juntos podemos fazer uma diferença gigantesca na vida das pessoas precisa vir à tona sempre, já que a cultura de doação ainda não está disseminada. A data se trata de um dia para apoiar inúmeras organizações da sociedade civil que se esforçam para oferecer ajuda material e esperança aos que estão em situação de vulnerabilidade.

Existem várias maneiras de espalhar a solidariedade com mais afinco e amor nesse dia especial. As doações financeiras são essenciais. O voluntariado também pode ser um meio de dar a sua contribuição. Se você não tem tempo para se engajar de forma diária, semanal, mensal, que tal pensar em se voluntariar para uma causa específica e com tempo determinado? Ofereça-se para compartilhar seus conhecimentos, habilidades e, por que não, seu carinho e companhia num lar de idosos?

Se ainda assim ficar difícil, tente ser um embaixador de alguma OSC (Organização da Sociedade Civil) e incentive amigos, familiares e seguidores de suas redes sociais a se envolverem na causa em que você acredita. A conscientização é essencial para ampliar o impacto positivo que podemos causar juntos!

Coloque-se nesse caminho e você verá como é bom ajudar alguém, como é bom se importar com o mundo em que vivemos.

A gratidão e a retribuição deveriam ser respostas naturais de todo ser humano, transcendendo culturas e fronteiras. Quando somos beneficiados pela generosidade alheia, sentimos um impulso intrínseco de retribuir. Esse ciclo virtuoso é a essência de uma sociedade solidária. Retribuir não se limita a devolver favores diretamente, pode envolver atos de bondade para com outros, criando uma corrente de generosidade que se propaga de pessoa para pessoa.

Agradecer e retribuir são os alicerces de comunidades resilientes. Em um mundo onde as conexões muitas vezes parecem frágeis, a prática contínua da gratidão e retribuição fortalece os laços sociais.

E, pode acreditar, a generosidade é contagiosa!

Esse efeito cascata não apenas beneficia indivíduos, mas também influencia positivamente a sociedade inteira, criando um ambiente no qual todos podem prosperar juntos.

Que cada ato de gratidão e retribuição seja uma pedra preciosa na construção de uma sociedade em que a generosidade floresça e se multiplique.

Santa Catarina de Sena dizia: “A gratidão é muito agradável a Deus e muito útil para nós; o homem agradecido dilata o seu coração na caridade”.

"A ingratidão gera violência,
enquanto um simples
obrigado pode trazer a paz."*

* Papa Francisco.

CAPÍTULO 7
ARDIA UMA CHAMA

Falar do desperdício vexaminoso de comida sempre fez corar de vergonha a sociedade no mundo inteiro, ainda mais quando há milhões de pessoas passando fome em todo o planeta. No entanto, somente corar de vergonha não adianta, é preciso agir. E foi o que fez um grupo de brasileiros em maio de 2023. Fiquei muito feliz com o lançamento do Pacto Contra a Fome, que coincidiu com o início da minha caminhada para escrever esta obra. Não que não existissem iniciativas semelhantes em ONGs espalhadas pelo Brasil, mas a notícia impactante do lançamento deste Movimento, o alcance midiático que conseguiu, certamente chacoalhou até os mais incólumes para prestar atenção a este grave problema de nosso tempo. A fome e a pobreza extrema impactam negativamente a educação, a saúde, o desenvolvimento humano, trazendo prejuízos ao desenvolvimento do país.

Ações gigantescas como a desse pacto não são decididas e articuladas de uma hora para outra. Já ardia uma chama no coração de cada um daqueles que empreenderam essa jornada. São pessoas que, decerto, nunca serão mencionadas com a frase: “Viveu para ninguém”, como naquele romance antigo sobre um homem que passou pelo mundo sem deixar rastro algum e que poderia ter essa triste frase como seu epitáfio.

Dados do Relatório do Índice de Desperdício de Alimentos 2024 do PNUMA (Programa das Nações Unidas para o Meio Ambiente) indicam que, em 2022, o equivalente a mais de um bilhão de refeições por dia foram desperdiçados no mundo, enquanto um terço da humanidade enfrentava insegurança alimentar.

O QUE É O PACTO CONTRA A FOME?

O Pacto Contra a Fome é um movimento multissetorial e suprapartidário que atua conectando governo, iniciativa privada e a **sociedade civil organizada** na erradicação da fome, na segurança alimentar e na redução do desperdício de alimentos e seus impactos ambientais. As 40 pessoas que cofundaram esse movimento estão unidas desde 2022. Sendo uma associação sem fins lucrativos e suprapartidária, com uma governança robusta, está garantida a sua independência para propor novos caminhos e atuar em conjunto com diferentes agentes. O financiamento é feito por doações de pessoas físicas e pessoas jurídicas que acreditam nesse trabalho, cumprem os critérios de avaliação criados pelo grupo e estão alinhadas aos seus valores. As estratégias e ações do Pacto Contra a Fome visam sempre o interesse da sociedade no combate à fome e na promoção da segurança alimentar, com base em evidências científicas, dados, no pragmatismo e na escuta ativa da sociedade civil.*

Os dados da insegurança alimentar são alarmantes: em 2022, eram 70,3 milhões de brasileiros em situação de insegurança alimentar moderada ou severa no Brasil, segundo publicação da FAO

* PACTO contra a fome, c2024. Página Inicial. Disponível em: https://pactocontrafome.org/. Acesso em: 19 ago. 2024.

(Organização das Nações Unidas para Agricultura e Alimentação), OMS (Organização Mundial da Saúde) e Unicef (Fundo das Nações Unidas para a Infância), em um documento que serve de referência a respeito do estado da alimentação mundial.

E pensar que a perda e o desperdício de alimentos chegam a 55 milhões de toneladas por ano no Brasil, quantidade mais que suficiente para alimentar milhares de brasileiros que passam fome ou estão em situação de insegurança alimentar. Segundo a ONU, o Brasil ocupa a décima posição no ranking de países que mais desperdiçam comida e o desperdício ocorre em todas as etapas da cadeia produtiva, desde o campo até o prato do brasileiro. A ONU e a FAO revelam também que cerca de 30% da produção global de alimentos é desperdiçada ou perdida anualmente.

As consequências de perdas/desperdícios são danosas para o planeta, uma vez que a produção desses alimentos descartados usa recursos naturais que poderiam ser poupados, gerando impactos ambientais crescentes, além do aumento no custo na produção desses produtos. Todos esses fatores ampliam as barreiras que dificultam o acesso da população mais vulnerável ao alimento.

Se as tendências permanecerem como estão, o Objetivo de Desenvolvimento Sustentável (ODS) de acabar com a fome até 2030 não será alcançado, alertam os representantes das agências da Organização das Nações Unidas já citadas, além de representantes do Fundo Internacional de Desenvolvimento Agrícola (IFAD, uma agência de investimentos da ONU que, em parceria com governos estaduais e federais, realiza acordos de empréstimos e doações para apoiar o desenvolvimento rural) e do Programa Mundial de Alimentos (PMA, maior agência humanitária do mundo).

Os dados sobre insegurança alimentar são calculados com base em um questionário aplicado pelo mundo e que tenta medir a capacidade de um ser humano de ter acesso constante aos alimentos.

Algumas das perguntas são:

- Você teve de pular uma refeição?
- Você comeu menos do que achava que deveria?
- Sua casa ficou sem comida?
- Você estava com fome, mas não tinha o que comer?
- Você ficou sem comer por um dia inteiro?

O primeiro Relatório Anual do Pacto Contra a Fome, divulgado em 2024, trouxe notícias animadoras de avanços na abrangência do movimento. Especialmente para este livro, a CEO do Pacto, Rosana Blasio, falou sobre suas impressões a respeito da solidariedade e soluções estruturantes. Acompanhe.

1. Você está feliz ou decepcionada com a solidariedade dos brasileiros perante os resultados do Pacto até aqui?

"O brasileiro é um povo extremamente solidário e empático, disposto a ajudar sempre que é provocado a isso. Em menos de um ano de atuação, o Pacto Contra a Fome obteve conquistas muito significativas e tudo que realizamos até agora foi graças ao engajamento dos brasileiros, a começar com a disposição dos nossos 40 cofundadores, que dedicaram tempo e energia para idealizar o Pacto Contra a Fome, nossos parceiros e as

mais de 300 entidades que se inscreveram na primeira edição do Prêmio Pacto Contra a Fome. Finalizamos 2023 com nove projetos em implementação, 15 parceiros financeiros e uma vitória expressiva no Congresso Nacional com a inclusão da nova terminologia da Cesta Básica Nacional,* que agora deve incluir produtos saudáveis e regionalizados. Estamos muito satisfeitos com os resultados obtidos nesse primeiro ano de trabalho e confiantes no crescimento e no fortalecimento do ecossistema para erradicação da fome no Brasil, com soluções estruturantes e permanentes."

2. Quais são suas expectativas para o futuro do Pacto e seu potencial para promover mudanças significativas a respeito da situação da fome no país?

"O Pacto Contra a Fome nasceu da indignação de constatar um número alarmante de pessoas passando fome, cerca de 33 milhões, segundo levantamento da Rede Penssan** de 2022, em um país que é um dos cinco maiores produtores de alimentos do mundo e, ao mesmo tempo, é um dos dez que mais desperdiçam alimentos. Alinhados aos Objetivos de Desenvolvimento Sustentável da ONU, fixamos a visão de chegar a 2030 sem haver nenhum brasileiro com fome e, até 2040, com todos bem alimentados; e todos os dias nos provocamos a perseguir esse objetivo. Há muito a fazer, sem dúvidas, mas estamos atuando de maneira

* A atualização anterior da Cesta Básica Nacional aconteceu em 1938.

** Rede Brasileira de Pesquisa em Soberania e Segurança Alimentar e Nutricional.

bastante estratégica, focando esforços em vencer as causas raízes da fome: as desigualdades sociais, a pobreza e a falta de acesso ao alimento saudável. Com base nisso e pautados em dados e evidências científicas, definimos nossa atuação em dois eixos centrais que acreditamos serem fundamentais: a inclusão socioeconômica e o acesso ao alimento, e estabelecemos quatro programas de atuação centrados em inclusão produtiva e acesso à renda, gestão nacional de segurança alimentar, distribuição de alimentos e transição de sistemas alimentares. Também realizamos o mapeamento e avaliação de 50 políticas públicas federais, a fim de identificar as mais eficazes, as que realmente podem mudar os ponteiros da fome, e em quais os esforços devem ser focalizados. Paralelamente, atuamos em projetos estaduais para implementação e fortalecimento dos sistemas nacionais de segurança alimentar. Além disso, disponibilizamos o HUB de Conexões como uma plataforma que conecta e dá visibilidade a iniciativas atuantes nas causas da fome e redução do desperdício de alimentos. Também atuamos em projetos de advocacy *como o da Cesta Básica Nacional, que é uma oportunidade importante de não apenas melhorar a alimentação do brasileiro por meio do acesso a uma comida mais saudável e nutritiva, mas de estabelecer novos arranjos produtivos capazes de gerar emprego e renda localmente, com a produção e comercialização de alimentos regionais. E o mais relevante disso tudo é a força gigantesca gerada pela conexão de governos, sociedade civil e empresas em busca de soluções estruturantes e compartilhadas para a problemática da fome. Estamos muito otimistas com o futuro e com as possibilidades de atuação do Pacto Contra a Fome."*

3. Do que o Pacto mais necessita para dar certo?

"Nós, do Pacto Contra a Fome, acreditamos no trabalho focado, com embasamento científico e de dados, nas conexões e na cocriação de ações efetivas com governos, iniciativa privada, academia e sociedade civil. Dada a complexidade dessa problemática, acreditamos que essa sincronia é o caminho capaz de trazer impactos relevantes. São os direcionadores da nossa atuação e confiamos que são os insumos necessários para que possamos desenvolver um trabalho capaz de contribuir com a erradicação da fome e com a reversão do desperdício de alimentos em favor da segurança alimentar e redução dos impactos ambientais."

"A fome é um grande obstáculo para o desenvolvimento social e econômico do país. Estudos mostram que, sem segurança alimentar, não avançaremos na produtividade, na educação e em todas as outras esferas", declarou a economista Geyze Diniz, cofundadora e presidente do conselho de administração do Pacto Contra a Fome, no primeiro Relatório Anual.

VEJA AS DICAS DO PACTO CONTRA A FOME PARA SE ENGAJAR*

INDIVÍDUO

Confira quais ações se encaixam melhor na realidade do seu dia a dia para reduzir ainda mais o desperdício ao seu redor.

* PACTO contra a fome, c2024. *Página Inicial.* Disponível em: https://pactocontrafome.org/. Acesso em: 19 jul. 2024.

- Comprar apenas o necessário para evitar que os alimentos estraguem.
- Não se basear apenas na aparência dos alimentos ao comprar, pois imperfeições não significam menor qualidade nutricional.
- Armazenar corretamente os alimentos para prolongar sua vida útil e evitar doenças desencadeadas por alimentos.
- Ser criativo ao aproveitar sobras para evitar desperdício.
- Utilizar integralmente os alimentos, incluindo cascas, sementes e talos, para economizar e diversificar receitas.
- Influenciar pessoas ao redor e participar de iniciativas locais, como Conselhos Municipais de Segurança Alimentar e Nutricional e Conselhos de Alimentação Escolar, para promover mudanças na comunidade e educar sobre o tema desde cedo.

EMPRESAS

"Qual é o papel do setor privado no combate à fome e ao desperdício?"

O setor privado possui um papel fundamental na redução do desperdício de alimentos e no combate à fome. O Pacto Contra a Fome tem atuado para engajar o setor privado nessa tarefa e acreditamos que algumas iniciativas podem contribuir para transformar essa realidade. O fortalecimento da sustentabilidade corporativa e da agenda ESG do setor privado são exemplos do início do comprometimento de grandes organizações em promover um desenvolvimento social, econômico e ambiental.

Diante disso, o Pacto Contra a Fome convida todas as empresas do Brasil a apoiarem nossas ações e, assim, se unirem à ousada missão: erradicar a fome de maneira estrutural e permanente, reduzir o desperdício ao longo da cadeia de alimentos e promover a segurança alimentar.

Confira, a seguir, alguns exemplos de práticas que podem ser adotadas dentro de uma organização do Segundo Setor.

- Buscar inspiração em empresas que já implementaram iniciativas semelhantes por meio de *benchmark** e compartilhamento de experiências.
- Identificar e reduzir fontes de desperdício por meio de diagnósticos internos e planos de ação.
- Estabelecer parcerias para a redistribuição de excedentes alimentares.
- Apoiar projetos locais que lidam com o desperdício de alimentos e a fome.
- Conscientizar e envolver os colaboradores na causa, por meio de campanhas e políticas de voluntariado, implementando uma cultura de sustentabilidade em toda a empresa.
- Estabelecer relações responsáveis com fornecedores qualificados.
- Participar de conselhos e iniciativas focadas em sustentabilidade e responsabilidade social corporativa.

GOVERNOS

"Qual a relevância do setor público no combate à fome e ao desperdício de alimentos?"

* *Benchmark* – ferramenta usada para comparar o desempenho de um processo, produto ou serviço em relação a semelhantes.

A participação do poder público no combate à fome e ao desperdício de alimentos é indispensável, e cujo papel se torna ainda mais relevante se somadas forças com os demais atores. A fome não é novidade para os gestores públicos, que há anos buscam resolver este problema complexo, com raízes profundas e causas diversas. O caminho passa necessariamente por políticas públicas capazes de enfrentar esses problemas. Apesar de já haver uma série de políticas públicas, sistemas e legislações sobre o assunto, ainda há muitas oportunidades de melhoria. Alguns exemplos dessa atuação do governo são a Lei Orgânica de Segurança Alimentar e Nutricional (LOSAN) e o Sistema Nacional de Segurança Alimentar e Nutricional (SISAN), e outros que contribuem diretamente no combate à fome, como o Sistema Único de Assistência Social (SUAS).

Segundo levantamento do Pacto Contra a Fome, são 10 os Estados com maior índice de vulnerabilidade social e presença de fome:*

- Pernambuco 38,43%
- Ceará 36,97%
- Maranhão 31,66%
- Alagoas 27,03%
- São Paulo 26,97%
- Bahia 25,52%
- Piauí 20,94%
- Rio de Janeiro 20,76%
- Roraima 20,71%
- Pará 20,61%

* O índice compreende a integração de três indicadores: insegurança alimentar grave (tanto em volume quanto em penetração), pobreza e desigualdade. O Pacto Contra a Fome desenvolveu um ranking dos Estados que enfrentam situações mais emergenciais nesses três aspectos, atribuindo pesos com base na posição de cada estado nesse ranking.

Eu não tenho dúvidas de que as organizações da sociedade civil e iniciativas abrangentes como o Pacto Contra a Fome são fundamentais para o enfrentamento do problema da fome. As ONGs, em geral, surgem como agentes de mudança e esperança, mobilizando recursos, conhecimento e esforços para mitigar os efeitos devastadores da fome. Por meio de campanhas de conscientização, eventos, mídias sociais e apoio à implementação de soluções, essas organizações ajudam a amplificar a voz dos mais vulneráveis e a edificar uma cultura de solidariedade e empatia.

CAPÍTULO 8
A SAÚDE DE QUEM CUIDA

Todos nós sabemos que, para seguir ideais altos, como a ajuda ao próximo, muitas vezes temos que abrir mão de nosso conforto e ir além de nossas forças. A depender do trabalho voluntário que abraçamos, nossas emoções se afloram e mesmo o cansaço do corpo nos faz alertas. Nossa saúde física e mental é um bem valioso, inclusive para podermos ajudar a quem precisa de forma constante e determinada.

Por tudo isso, assim como o check-up é uma ferramenta de prevenção na identificação de doenças e acompanhamento das preexistentes, as técnicas de autoconhecimento são uma ferramenta importante para quem quer trabalhar no Terceiro Setor sem perder o fôlego.

A Base Colaborativa, que tem como fundador e líder Rafael Maretti, pilota um projeto chamado Panapanã, que propicia uma imersão de autoconhecimento. Ele diz que a Base é uma escola voltada a pessoas que querem melhorar para levar mudança positiva ao mundo, um ponto de encontro para a (r)evolução da humanidade e uma casa para muitos projetos sociais, que percebem os problemas de forma sistêmica e que, portanto, em vez de dar o peixe e ensinar a pescar, revolucionam a indústria da pesca!

Veja o que Rafael diz sobre o projeto de saúde mental e autoconhecimento para cuidar de quem quer fazer o bem.

"A Base nasce de uma pergunta que fiz para um amigo meu que era:

— Como nós vamos contribuir para o nosso país?

Isso reflete o senso de propósito dos jovens que acabam de sair da faculdade.

A tese dele era a seguinte:

— Nós vamos ficar ricos e, aí, doamos uma parte para quem precisa.

Eu repliquei com algo que vai ao encontro do raciocínio da Base a respeito da transformação individual:

— Nós temos que começar a doar um pouquinho do nosso tempo para ir aprendendo como fazer; porque senão, quando estivermos mais velhos, não vamos ter aprendido nada.

Acho que daí já nasce essa percepção de que é necessário o desenvolvimento interno da pessoa. Precisamos aprender sobre como construir um mundo melhor, e não se trata apenas de doar. Essa disponibilidade em estender a mão ao outro transforma a vida das pessoas e abre horizontes para quem ajuda e para quem é ajudado – e temos muitos testemunhos disso. Para mim, isto sempre foi muito óbvio. Então, criamos uma série de cursos voltados à qualificação e ao desenvolvimento para mudar o mundo de um jeito mais qualificado. E não estou falando só do mundo dos projetos sociais, mas também da empresa onde você está presente e de todos os lugares que você frequenta. Existe, de fato, essa sensação latente de que cada um de nós precisa se desenvolver.

Hoje há um termo maravilhoso que começou a entrar na agenda: ODS Zero. Todo mundo fala dos 17 Objetivos de Desenvolvimento Sustentável e já há muitos falando do objetivo zero, que é o inter-

***development**, ou seja, o desenvolvimento interno das pessoas. Nós não vamos atingir esses 17 objetivos se não passarmos por uma transformação individual. E não é somente uma questão de ativar as competências; também isso, mas é muito mais! Trata-se de uma vontade de ativar um propósito ou uma transformação mesmo. A Base sempre leva essa narrativa, até porque muitos voluntários que têm o poder de mudar as realidades têm que ter como objetivo primeiro a sua própria mudança, pois só assim eles vão transformar o Brasil. E a saúde mental entra nessa história toda porque não existe nada mais importante do que isso. Na minha opinião, o autoconhecimento é o que guia todo o processo. No fundo, todas as vivências da Base são muito mais momentos reflexivos para as pessoas, para que elas possam repensar um pouquinho a rota da vida delas, para entrar no time daqueles que estão fazendo alguma coisa pelo mundo."*

A iniciativa e o foco da Base Colaborativa são de suma importância. Faço uma reflexão agora sobre a minha percepção de quando o cuidador precisa de cuidados, com base na minha vivência como diretora voluntária de uma Organização da Sociedade Civil, a Rainha da Paz, que atende mais de 400 crianças e adultos com deficiências múltiplas. São pessoas que precisam da ajuda de outros 24 horas por dia para fazer, muitas vezes, tarefas básicas, como escovar os dentes e se vestir.

Em um determinado momento, houve a iluminada decisão de criar o projeto "Cuidando de quem cuida". O que queríamos era trazer um pouco de conforto e mais autoestima especialmente às mães, pois elas, mais do que os pais, estavam em contato diuturno com seus filhos.

Há uma estatística alarmante, proveniente de uma pesquisa recente nos Estados Unidos, que dá conta de que 41% dos cuidadores de idosos, por exemplo, experimentaram a depressão, e a doença atinge mais as mulheres do que os homens. Obviamente, é importante ressaltar que cuidar do próximo e ser cuidador não é a causa da depressão, mas sim a maneira com que esse cuidado acontece. Muitas pessoas, na tentativa de dar o melhor de si ao outro, acabam se sobrecarregando e deixando de lado as suas próprias necessidades físicas e emocionais. A mesma pesquisa aponta que os principais problemas dos cuidadores, que podem também ser comparados a voluntários de alguma OSC, são: privação do sono, menos tempo para a convivência social e falta de atenção à própria saúde.

Saber dosar o cuidado a si próprio e ao outro garante que a pessoa estará apta a se dedicar ao próximo de forma constante e mais duradoura.

Rafael Maretti também é cocriador do Movimento por uma Cultura de Doação. Uma cultura que ele quer revolucionar.

> ***“O que sempre me moveu em relação à Base foi perceber o quanto meus amigos – as pessoas que tinham influência na sociedade – acabavam sendo determinantes para que o país andasse para frente e, ao mesmo tempo, perceber o quanto eles não estavam sendo grandiosos em suas ações. A revolução que proponho é um novo pacto ético da elite brasileira e dos formadores de opinião no país, não é uma revolução pragmática no sentido de entender que nós tínhamos que distribuir um pouco porque somos um dos países mais desiguais do mundo, mas uma revolução no sentido de entender a serviço de quem e do que está a doação. Temos que provocar as pessoas a doarem menos para***

remediar, como está acontecendo agora, e mais numa atitude de apostar em um futuro melhor que pode ser criado, apostar na inovação, em novos formatos, em um novo sistema. Em vez de doar para acabar com a dor e o sofrimento, doar para construir a escola dos nossos filhos, por exemplo. Não é só: 'eu vou te dar um prato de comida'. Um país onde a elite reclama de ter imposto sobre herança de 4% a 8% é ridículo! E eu não acho que a 'galera' que tem mais é formada por pessoas más, não se trata disso; acho mesmo que é um desvio ético de não contribuir mais para o país, é um erro de raciocínio.

Eu proponho um movimento de confiar em pessoas que estão querendo dedicar a energia delas para procurar soluções. Corajoso é aquele que sabe que não tem as respostas para tudo, mas está indo atrás. O modelo que nós temos não está funcionando em nenhum eixo, inclusive no Terceiro Setor, não está sendo suficiente; por isso, precisamos experimentar novas possibilidades. Vamos errar, claro, mas vamos criar coisas novas nesse caminho. Temos que criar um mundo que seja mais bonito de viver, inclusive para as pessoas que estão doando, porque está todo mundo adoecido emocionalmente.

Todos precisamos perceber a ingerência que temos no mundo, ter noção do quanto influenciamos em tudo ao nosso redor. Assumir isso funciona como cura para as pessoas que culpam o sistema, os políticos, os outros, e que deveriam continuamente criar, elas mesmas, esse mundo que desejamos tanto. Nós não temos que agir apenas para fazermos o bem ao outro, mas devemos também assumir esse lugar de pessoas transformadoras, desenvolvendo uma narrativa mais saudável para todos. Acho que uma das coisas que geram a doença no ser humano é não ter essa sensação de que cada um de nós é protagonista da história feita no dia a dia."

Para Rafael, a influência de uma comunidade sobre as pessoas que a compõem abre os horizontes da cultura de doação e incentiva o combate às vulnerabilidades do Terceiro Setor.

"Para melhorar a cultura de doação, eu acredito muito no comportamental, na influência das pessoas de serem exemplos. Existe um estudo no qual os pesquisadores pegaram um bairro em que os moradores precisavam gastar menos água. E o que eles fizeram? Eles mostraram para as pessoas o quanto cada um estava gastando. Isso já foi suficiente para que aquelas pessoas que estavam gastando mais dissessem: 'nossa, vou baixar o consumo!'. Isso porque, em sã consciência, ninguém quer prejudicar a si mesmo e aos seus vizinhos por tabela. Então, ter essa percepção coletiva de que as pessoas estão doando e contribuindo para que as coisas melhorem nessa ou naquela comunidade, nessa ou naquela cidade, tem a ver com a quebra de paradigma. Um se levanta e diz que vai ajudar e incentiva todo mundo à sua volta.

A comunidade tem um papel importante demais. Quando você junta pessoas num espaço e começa a tocar os projetos, você forma uma comunidade e essas pessoas começam a se influenciar mutuamente. Meu início como doador foi por causa do Movimento por uma Cultura de Doação, vendo a prática da doação das pessoas ao meu lado. Vou confessar que sou muito pão-duro, não compro nada, não gasto dinheiro com nada para mim, mas doar, eu faço de forma esbanjada, toda hora eu doo e não faço conta, foi um hábito que eu criei e fui pegando o gosto.

É como correr: quando nós começamos, tem um monte de questionamentos: será que esse lugar é bom? Será que é o momento certo? Aí você vai uma vez, vai outra e, quando você vê, começa a correr e acha todo lugar bom.

Então, acredito que a solidariedade da doação e muitas outras consciências têm muito a ver com os pares, com quem está ali no dia a dia com você: a comunidade, seus amigos...

Quanto eu vou doar? 100, 200? São meus pares que vão balizar isso. Não vou doar porque estou constrangido num jantar beneficente ou para quem pediu mais e melhor para mim. Não é este o ponto.

Quem vai dizer se você está sendo generoso ou não, ético ou não, é a comunidade. Por exemplo, quanto você paga para sua faxineira? Você só paga o que está na regra? Não, não tem regra. Pode estar na lei, mas não é isso que vai te engessar, ou seja, se você pode ser mais generoso, seja! Sempre tive muito claro na minha cabeça que precisava fazer algo para melhorar a vida das pessoas no mundo, mas pôr em prática esse raciocínio coletivo foi muito pelos exemplos que vi.

Todo esse processo envolve momentos experienciais, que te transformam para que você saia do automático e faça as coisas acontecerem. E esse é um processo que te retroalimenta.

Precisamos abrir espaço para resgatar o sentimento humano que todos possuímos. E há vários estudos que atestam que doar deixa a própria pessoa mais feliz também. No começo da Base Colaborativa, nós estudamos muito a felicidade e trazíamos muitos estudos sobre isso. Este é um dos nossos eixos até hoje."

VULNERABILIDADES

"Eu acho que o Terceiro Setor é um setor que aprende pouco, até porque temos pouco espaço de fala comparado aos outros dois

setores. Acredito ser importante dizer que nós não podemos deixar de mostrar as nossas falhas. Quando vamos falar de um projeto para nossos pares, nós temos cinco minutos e só falamos do que deu certo. Por exemplo: 'atingimos 50 milhões de pessoas e foi a coisa mais maravilhosa do mundo!'.

Não é isto que temos de fazer. Claro que uma dose de narrativa mais marqueteira precisamos ter, mas para fora. No entanto, para dentro do nosso setor, se nós queremos enfrentar os desafios e resolver as questões que nos afligem, temos que ser mais honestos, dizer onde erramos, o que deu certo e o que não deu, confessar que não sabemos como fazer isso ou aquilo, a fim de nos ajudar mutuamente. Se não formos claros e honestos, criamos uma cultura diplomática que tornará mais difícil mudar o mundo. Com essa postura, não há aprendizagem e vira modinha todo mundo fazer programação na periferia, por exemplo. E nesse cenário, quem vai ter coragem de falar que fez tal ação que não deu certo, e que todos os computadores doados viraram entulho?

Claro que entendo o raciocínio: 'não vou falar, senão daqui a pouco os doadores não vão mais apoiar'. Mas, internamente, nós precisaríamos falar sobre esses assuntos espinhosos.

Nós tivemos o maior movimento da história da humanidade de distribuição de cestas básicas, recentemente, durante a pandemia. E foi perfeito? Não teve nada de errado? Não! Nas minhas doações não deu tudo certo. Várias coisas aconteceram: o 'cara' roubou o caminhão, ameaçou o motorista e outros percalços. E se nós não falarmos sobre isso, o 'cara' da outra organização vai errar de novo lá na frente e estaremos só fingindo que estamos acertando. Dessa forma, o setor não cresce, não evolui, não aprende. E se está dando tudo certo e correndo às mil maravilhas, ninguém precisa colaborar, não é mesmo?

Às vezes, as pessoas chegam e dizem: 'Gostaria de fazer uma parceria com a Base, pois estou com um projeto que está atingindo milhares de jovens. E nós perguntamos: 'Se está tão bem, por que você quer parceria?' A resposta mais comum é que a organização está buscando expandir as ações. Conversa vai, conversa vem, e descobrimos que somente 40 jovens terminaram os cursos. Nesse ponto, temos que explicar que é o que nós conseguimos também. É preciso falar do resultado do projeto logo no começo de qualquer conversa entre nós, do Terceiro Setor.

Digo com muita clareza que, nas empresas, tem um denominador comum que é o dinheiro, e se tem o dinheiro na conta é porque deu certo. A ONG também tem uma lógica para saber se está dando certo esta ou aquela ação, mas tem muito ego envolvido, que é personalizado e impede o setor de crescer, de colaborar mutuamente. Nós precisamos falar mais dos desafios, das vulnerabilidades; assim, poderemos nos apoiar e crescer todos juntos."

A MAIOR ALEGRIA

Rafael compartilhou alguns momentos transformadores. Ele é facilitador da Teoria U, criada por Otto Scharmer, da qual vamos falar mais adiante.

"A narrativa mais comum e mais poderosa de transformação na Base é a da transformação das pessoas que se aproximam da organização, conhecem esse mundo, começam a achar

essas ações importantes e mudam a carreira profissional ou a sua própria atuação dentro das empresas onde estão. Elas começam devagarinho, abrindo alguns postos de arrecadação e conscientização na empresa, depois viram líderes de responsabilidade social e, assim, vão trilhando esse caminho do Terceiro Setor no local de trabalho mesmo. A história da Marília, por exemplo, é muito legal!"

Esta história está no site da Base Colaborativa* e vou colocar aqui para vocês conhecerem.

"A Marília de Carvalho participou de várias ações da Base Colaborativa. Depois de um tempo, ajudou a criar o Projeto Rizoma. O Rizoma é um projeto para crianças e adolescentes com foco no desenvolvimento de competências socioemocionais (empatia, autonomia, resolução de problemas, criatividade e resiliência), habilidades essenciais nos relacionamentos interpessoais. Neste projeto, fica claro que é possível aprender essas habilidades, praticá-las e ensiná-las. Voltando à trajetória da Marília na Base, ela aprendeu sobre colaboração e propósito, numa caminhada para descobrir que tipo de pessoa ela queria ser. E ela mergulhou nos cursos, o que a qualificou para o mundo. Transformar o mundo também tem a ver com se transformar. Essa mudança nela influenciou todo o resto. No trabalho, Marília logo criou o grupo de responsabilidade social da empresa e, quase sem querer, fez amigos novos. Não tem preço estar com

* BASE COLABORATIVA. Disponível em: https://www.basecolaborativa.org/. Acesso em: 19 jul. 2024.

pessoas que acreditam no mesmo que você. A base é uma comunidade de agentes de transformação. Vamos amar juntos?"

A organização criada por Rafael faz viagens de imersão. Eles reúnem um grupo de cerca de 40 pessoas para dividir experiências durante todo um final de semana. Essa é, digamos, uma das meninas dos olhos deste apaixonado por transformação pessoal.

"É lindo! A 'galera' se emociona, compartilha os sucessos, os traumas e várias outras coisas. É um evento voltado à transformação individual também.

Nós sempre levamos bolsistas, os 'aquarelas'. Recentemente, o nosso bolsista foi o Alex, um refugiado africano maravilhoso. Ele é supergeneroso e carinhoso. Durante as rodas de conversas, o Alex trazia o tema racial, mas de uma maneira leve, e fazia com que todo mundo realmente acrescesse. E posso dizer que ele mesmo se transformou muito, tanto é assim que, no final da roda, ele comentou uma coisa do fundo do coração dele, que nunca tinha compartilhado: por mais que ele fosse sorridente, se mostrasse uma pessoa para cima, ele tinha vergonha de ser refugiado. No encontro, ele se liberou disso, desse algo que o diminuía. Eu não fiz nenhuma doação para ele; em termos físicos, eu não contribuí com a vida do Alex – ele deve até ter pago o Uber para chegar à Base e viajar conosco. Mas, na prática, ele conheceu um monte de gente que poderá ajudá-lo com os seus projetos. O que acontece dentro das pessoas quando elas passam por uma experiência dessas é muito poderoso.

Acredito mesmo que as pessoas conseguem se tornar melhores no convívio com as outras pessoas. A história do Alex, por exemplo,

é o tipo de coisa que me emociona e me reencanta também, inclusive me dá forças para continuar a caminhada, porque não é fácil viver essa vida do Terceiro Setor, sempre com altos e baixos.

Eu me lembrei de outra situação que vivenciei em um trabalho com um morador de rua. Dá para acreditar que foi ele quem acolheu e levou conforto a uma 'patricinha' que estava conosco? Igual ao Alex, que foi um dos caras mais acolhedores da turma. Pois bem, o Anderson, morador de rua, participou de vários projetos, mas nesse que eu vou contar especificamente, ele estava na clínica prestes a receber alta, quando o convidamos para uma de nossas viagens de imersão. Temos um momento chamado de 'lava-roda', e essa menina que estava ao lado dele chorando por causa da história dela, foi acolhida pelo morador de rua. O Anderson falou: 'calma, tudo vai ficar bem'.

No outro final de semana, umas 15 pessoas que estavam no encontro foram até a clínica para fazer 'roda' com ele. Essa é uma história muito louca, porque, depois de um tempo, o Anderson se casou com a mãe de uma amiga minha, que é colaboradora do projeto, e está superbem! São as voltas da vida."

PREMISSAS DA BASE COLABORATIVA

COLABORAÇÃO

Preferimos fazer juntos do que sozinhos. Isso, para nós, é colaboração.

VULNERABILIDADE

Gostamos de falar das nossas dores e desafios. Isso, para nós, é vulnerabilidade.

EVOLUÇÃO

Somos insaciáveis e sempre queremos aprender como fazer melhor. Isso, para nós, é evolução.

INOVAÇÃO

Não temos medo de testar coisas novas. Isso, para nós, é inovação.

IMPACTO

Pessoas também são números e quantidade é importante. Isso, para nós, é impacto.

INCLUSÃO

Integrar pessoas de mundos diferentes não é uma obrigação, é uma potência. Isso, para nós, é inclusão.

AUTENTICIDADE

É a verdade que conecta. Isso, para nós, é autenticidade.

A partir de todo esse testemunho de Rafael Maretti, desejo destacar alguns pontos.

A cultura de doação no Brasil e em qualquer lugar do mundo é influenciada por uma série de fatores, e a reflexão dele sobre a revolução necessária nesse aspecto é relevante. Maretti nos falou sobre a importância de promover um novo pacto ético na elite brasileira especialmente, sem se esquecer de todas as pessoas influentes, aquelas que impactam a opinião pública. Isso pode envolver um compromisso mais significativo com a filantropia e a doação como meio de melhorar a sociedade, não apenas de remediar problemas, mas de investir em um futuro melhor.

Ele ainda nos falou sobre incentivar doações mais estratégicas, encorajar as pessoas a doarem de forma estratégica e inovadora, em vez de apenas seguir modelos tradicionais. Isso pode envolver a criação de programas educacionais ou projetos que busquem soluções de vanguarda para problemas sociais.

Outra boa ideia que posso destacar é a necessidade da construção de confiança firme e mudança de paradigmas. A confiança é essencial na cultura de doação. As pessoas precisam acreditar que suas doações estão fazendo a diferença. Isso pode ser alcançado com transparência, prestação de contas e comunicação eficaz. Além disso, é urgente mudar o paradigma de que a doação é um ato isolado, transformando-a em parte de um compromisso contínuo com a nossa geração e as futuras.

Gosto muito de falar da transformação pessoal e autoconhecimento, acrescida da transformação em grupo, um grupo consoante que quer evoluir junto e criar um jeito novo de se relacionar com as comunidades e a sociedade como um todo.

"Quem planta bondade colhe amor."*

* São Basílio, o Grande.

CAPÍTULO 9
CONVIVÊNCIA

O outro é algo extraordinário!

Com esta convicção, Mariana Brunini aposta na convivência com povos indígenas, ribeirinhos, caiçaras e quilombolas para abrir o coração das pessoas aos desconhecidos, àqueles que não fazem parte da sua roda de amizades. Ela pilota um projeto de imersão chamado Palafitas. São jornadas de aprendizagem para famílias e escolas em comunidades tradicionais na floresta e na cidade.

Vale a pena conferir a história de como ela chegou até aqui com um diferencial importante no Terceiro Setor, sendo empreendedora de impacto, consultora de Educação Ambiental e fotógrafa de causas sociais, ofício pelo qual já foi premiada com o IPA International Photography Awards 2017.

Mariana não tem nada contra doar sem conhecer as pessoas a quem se ajuda, pois todo tipo de doação é importante e muito bem-vindo, mas acredita na troca de olhares e no compartilhamento de espaços para maior aproximação e compreensão dos vários mundos que estão ao nosso redor e que são invisíveis para muitos de nós.

A VIVÊNCIA DA FAMÍLIA

"Comecei meu voluntariado aos 13 anos e também atuei em várias frentes no campo social. Mas as ações sociais sempre foram

algo enraizado na minha família, pois todos são da mesma área. Minha mãe é assistente social de formação, meu pai era médico da antiga Febem, hoje Fundação Casa, e minha madrinha, muito próxima a mim, era educadora sanitária. Quando eu era pequena, meu pai me levava para brincar com as crianças da unidade onde ele atendia no Pacaembu, que abrigava órfãos, não menores infratores. Eu e meu irmão íamos brincar com elas e eu sempre me perguntava porque aquelas crianças eram tão diferentes, mas tão iguais ao mesmo tempo. Dessa forma, foi uma infância que me permitiu ver e entender que existia um grande abismo social. Na escola onde estudei, a partir da 7ª série, foi oferecida a possibilidade de fazer trabalho voluntário e eu comecei a me engajar. Assim, cresci e me envolvi com esse mundo, colocando em prática coisas que já faziam muito sentido na minha cabeça. Eu e meus colegas dávamos aula na favela e fazíamos peças teatrais, visitávamos orfanatos e asilos, chamados hoje de Instituições de Longa Permanência para Idosos. Alimentei, assim, meu entendimento de que o mundo era muito diferente do que o da minha bolha de convívio.

Desde então, não parei de trabalhar pelas causas em que acreditava, especialmente no campo da educação e formação profissional. Minha mãe sempre falou que, quando eu fosse escolher uma profissão, deveria evitar a Assistência Social, porque era uma profissão que não tinha nenhum reconhecimento e minha vida seria muito difícil financeiramente. No entanto, era o que eu queria, mas escolhi cursar Relações Internacionais. Justamente quando estava terminando a faculdade, começava a nascer o conceito da responsabilidade social corporativa. Foi quando eu entrei numa empresa e participei do momento das discussões sobre o assunto. Nessa época também, eu e

alguns amigos fundamos uma OCIP (Organização da Sociedade Civil de Interesse Público). Era um projeto estruturado de um grupo de jovens universitários que queriam dar sua contribuição para uma sociedade melhor. Nós éramos todos 'caras de pau' e falamos com muita gente de peso para dar apoio à nossa organização. Claro que as pessoas achavam uma gracinha um monte de jovens fazendo um movimento social, ainda mais numa época em que os jovens estavam bem apáticos ao que estava acontecendo ao seu redor. Mas, além de achar uma gracinha, eles percebiam que era muito sério o projeto social que estávamos tocando. Falamos com o Gilberto Dimenstein e ele logo apoiou, emprestando a sede do 'Aprendiz' para fazermos nossas reuniões e nos ajudando a escrever nosso manifesto. A partir daí, fomos conversar com grandes empresários para fazerem parte do nosso Conselho Fiscal. Devo dizer que, no início, era algo com pouco impacto, mas sempre recebemos muito estímulo para continuar trabalhando, especialmente em uma comunidade da zona sul de São Paulo. Isso não era comum lá no início dos anos 2000. Nesse meio-tempo, o trabalho social dentro das empresas virou de fato uma possibilidade de carreira profissional, e foi quando eu ingressei na área de investimento social de um banco. Sendo assim, consegui ter uma boa remuneração e atuar no campo que sempre quis."

SERIEDADE E CORAGEM

Para ser solidário e ajudar as pessoas, você tem que ser "cara de pau" para pedir dinheiro e outras coisas?

"Acho que há duas coisas importantes, e a 'cara de pau' vem em segundo lugar. O primeiro elemento importante é, sem dúvidas,

fazer algo em que você acredita e mostrar a futuros apoiadores que você está fazendo algo bom, verdadeiro e bem-feito. Aí sim, você vai conseguir 'vender' sua ideia e, se precisar, se estiver muito difícil, vai usar sua capacidade de ter uma 'cara de pau do bem' para conseguir o dinheiro do qual precisa para realizar sua obra.

No Projeto LACE – Lazer, Arte, Cultura e Educação – a OCIP que eu, meus colegas de faculdade e jovens de outras universidades (PUC, POLI, Mackenzie) fundamos, realmente fizemos business plan.* *Pela seriedade e profissionalismo com que estruturamos a organização, ganhamos um edital do Itaú/Unicef. À época, tivemos a completa noção de que as pessoas que entendiam do assunto estavam apostando em nós porque estávamos fazendo algo relevante para a sociedade. No entanto, nós não tínhamos ideia do que estávamos construindo, só fomos fazendo aquilo que achávamos correto para impactar positivamente toda uma comunidade.*

Não posso dizer que foi difícil viabilizar nossas ações, pois as pessoas tinham um olhar muito benigno a nosso respeito. Todos viam que éramos jovens privilegiados e queríamos fazer algo de impacto para darmos nossa contribuição por um mundo mais justo. Os apoiadores viram também que estávamos dispostos a absorver conhecimento, a aprender. Nós tínhamos escritório, CNPJ, doações da Tok Stok para montar nosso local de trabalho... Era meio inacreditável! E nós usamos nossos relacionamentos pessoais nessa caminhada, o que foi crucial para a sustentação de nossa organização. Uns ajudaram com espaço; outros, aprovando nossas contas, nos dando apoio técnico etc. Nós convivemos

* O *business plan* é como um manual que descreve todos os elementos necessários para um negócio funcionar.

com pessoas que entendiam que o mundo precisava de uma nova juventude engajada, já que a juventude alienada não poderia contribuir com nada. Assim sendo, nossa postura firme foi nossa maior mola propulsora.

No LACE, íamos na linha do contraturno escolar, sendo um centro de juventude no bairro Jardim Ipanema. Oferecíamos aulas de teatro, inglês, educação física. Fazíamos também alguns ciclos: no primeiro ano de atuação, fizemos um ciclo de autoconhecimento; no segundo, desvendamos o entorno; no terceiro, ampliamos para o conhecimento da cidade e, no último ano, o projeto era denominado 'volta ao mundo'. Nesse último ciclo, nós recebíamos intercambistas da FGV que queriam fazer um trabalho voluntário e eles falavam sobre seu país de origem para as crianças, sobre música e comida típica, por exemplo, expandindo os horizontes dos nossos beneficiários. Encerramos o LACE em 2007, pois todos começamos a trabalhar, mas a clínica psicológica que ajudamos a montar na comunidade continua lá até hoje.

Nossa trajetória mostra que é só querer fazer o bem, que conseguimos reunir muitas pessoas com o mesmo propósito. Além do mais, nós fizemos algo que nutriu nossa vida profissional dali por diante."

SEM MEDO

Para ser solidário, você não pode ter medo?

"Nunca tive medo de ir para a unidade de órfãos da Febem com meu pai. Na escola, quando era adolescente, tive também um professor que levou nossa turma para conversar com os jovens

em regime de internato da Febem. E foi muito interessante esse encontro, porque há muitos dilemas do ser humano que são comuns, independentemente da condição social de cada um. Claro que havia muitas diferenças na questão da criação da família, do lugar onde vivíamos, mas houve muitos pontos de identificação, e isso foi de suma importância em minha formação.

Eu acredito que precisamos entrar em contato com o mundo de fato como ele é para ampliarmos nossos horizontes e, quem sabe, para sermos impulsionados a fazer algo para melhorar o mundo, que é de todos."

VIVÊNCIA SOLIDÁRIA NO PROJETO PALAFITAS

"A Palafitas é uma empresa de impacto social, que visa adaptar as pessoas para uma vida sustentável nas grandes metrópoles também, uma vida que respeite a natureza, que entenda a ancestralidade da história da região, que, enfim, traga uma nova visão da vida em sociedade.

O que eu faço é um trabalho com vivências e jornadas de aprendizagem para famílias na Amazônia, um olhar para sensibilizar as pessoas de forma que elas entendam a importância do engajamento socioambiental. Em nossa última viagem, levamos não somente pais e filhos, mas uma família inteira, incluindo uma avó. Sempre é um aprendizado em campo para incentivar o entendimento da importância dos povos tradicionais, da importância da vida interdependente, do olhar de comunidade, que tem muito a ver com solidariedade, sendo uma experiência mais vivencial do que teórica.

Lá na Amazônia, eu morei um ano e meio no lugar para onde levo as pessoas. Então, eu conheço todo mundo, idosos, crianças...

Eu fotografo também e fiz uma exposição de fotos no posto de saúde, para que eles tivessem uma lembrança da minha estadia lá. Somente dessa forma criamos um lugar de relacionamento em que nos envolvemos e nos sentimos mais protegidos.

Nessas jornadas, quem está aberto a ter uma experiência profunda entende como funciona uma comunidade que vive de forma interdependente, como são as trocas, como é a relação entre as pessoas. A ideia é fazer com que os 'viajantes' voltem para os centros urbanos onde moram e passem a olhar a vida de uma forma mais interdependente também. Esse é o resumo da experiência, eu diria. Saímos de um campo meio acadêmico sobre a solidariedade e passamos a um amplamente experiencial."

A FICHA CAI AOS POUCOS

As pessoas que vão para a Amazônia e convivem com os habitantes das aldeias indígenas ou comunidades ribeirinhas voltam diferentes mesmo?

"Isso não acontece num estalar de dedos, mas a ficha vai caindo aos poucos. Nós fazemos um questionário antes e explicamos coisas práticas como, por exemplo, que não é legal conversar com as pessoas de óculos escuros, porque elas querem olhar no seu olho, que não se deve levar roupas de marca, porque existem locais de difícil acesso pela frente, que não é para querer ser servido, pois entramos num lugar mais horizontal, onde todos fazem tudo. Enfim, explicamos a proposta da viagem, uma viagem em que vamos visitar as pessoas, somos convidados dessas pessoas e temos que tratá-las com muito respeito. As famílias que

vão embarcar nessa jornada precisam saber com detalhes o que elas encontrarão lá. Portanto, nosso cuidado é com as famílias e, também, com as pessoas que vão nos receber, para que a experiência seja única e muito proveitosa.

E eu tenho relatos bem significativos das mudanças que vão acontecendo na vida das pessoas depois dessa viagem.

Por exemplo, uma criança que levamos não queria ir de jeito nenhum sem o tablet, já que a proposta da viagem é não ter tela, não ter internet, apenas conexão presencial. Essa criança foi junto com a família e, na volta, pediu para a mãe vender o tablet para comprar um cachorro, ou seja, um pequeno lampejo de mudança de vida. Vemos também outras coisas que demonstram o impacto da jornada. Uma mulher me disse, ao final da viagem, que nós precisávamos continuar fazendo isso, pois ela iria repensar toda sua vida, suas escolhas, seu voto. Depois desse relato, eu pensei comigo: cheguei aonde é importante chegar. Essa pessoa fez uma virada na vida, começou a fazer atividade física e tudo mais: mudou física e mentalmente. Claro que isso não acontece só com a viagem, mas quando você junta um grupo com um olhar mais afetuoso para o outro, quando você olha aquele cenário não só como um cenário bonito, mas enxerga as pessoas da Amazônia tão afetuosas e generosas, a chavinha vira.

São viagens que têm luxo zero, em que dormimos em rede e todos juntos. Há pessoas que pedem para fazer a viagem à Amazônia em barco de cabine, mas aí não se viveria a realidade local! Você tem que ter essa vivência do olho no olho, de sentir a pessoa que está na sua frente, ao seu lado... É uma mudança de perspectiva do outro, e as pessoas voltam mais solidárias, as crianças voltam para suas casas se oferecendo para fazer as atividades domésticas; uma querendo limpar o banheiro, outra, lavar roupas... As crianças se sentem iguais às outras pessoas e isso é maravilhoso. Elas se sentem mais autônomas e participativas.

É importante dizer que também levamos famílias para fazer vivências aqui em São Paulo, na Aldeia do Jaraguá. E o impacto é igualmente relevante.

Qualquer tipo de solidariedade, de olhar para o outro vale a pena. Eu estimulo que, quanto mais engajamento tivermos no momento da doação, melhor, mas toda ajuda é bem-vinda. No banco em que eu trabalhava, o chefe falava: 'não adianta passar a caneta no cheque e a borracha na consciência'. É isso: você tem que entender de onde vem aquela motivação para doar, você tem que se conhecer, saber qual é a causa que mais o motiva e, a partir daí, escolher a organização que você gosta para fazer sua doação. Há etapas na vida que é preciso ir trilhando conscientemente para subir a graus mais altos de solidariedade."

A vivência é algo importante para proporcionar ao outro. Como dizia São João Maria Vianney, "mesmo que sejamos muito pobres, podemos ajudar alguém. A bondade não consiste apenas em dar de comer a quem tem fome e em dar roupa a quem não a tem, consiste em todos os serviços que prestamos ao próximo, quer para o corpo, quer para a alma, quando o fazemos com espírito de caridade".

CAPÍTULO 10
OS ÍNDICES DE SOLIDARIEDADE

Teremos que abrir os olhos e, antes disso, o coração para compreendermos os números da Pesquisa Doação Brasil 2024,* do IDIS – Instituto para o Desenvolvimento do Investimento Social –, lançada em agosto de 2023. A primeira feita depois da bolha de percepção positiva de 2020, início da pandemia de COVID-19. Na terceira edição deste que é o mais abrangente estudo sobre os hábitos de doação do brasileiro, pela primeira vez foi apresentado um recorte do comportamento da Geração Z, ou seja, jovens que têm entre 18 e 27 anos. A pesquisa nasceu com o intuito principal de identificar quantos brasileiros doam para organizações, projetos ou iniciativas socioambientais, qual o valor médio dessas doações e qual o volume total desses recursos no ano analisado.

Vamos conhecer também os resultados do World Giving Index 2023, divulgado em novembro do mesmo ano, o chamado Índice Mundial de Solidariedade, feito pela CAF – *Charities Aid Foundation.* Depois de figurar no top 20 de países mais generosos na pesquisa

* PESQUISA DOAÇÃO BRASIL. Disponível em: https://pesquisadoacaobrasil.org.br/. Acesso em: 20 jul. 2024.

anterior, infelizmente o Brasil perdeu muitas posições no novo levantamento, ficando na 89ª posição.

Essas pesquisas são importantes, pois trazem um raio-x da generosidade mundo afora e têm o poder de incentivar as práticas de doação.

Primeiro, vamos ver como está caminhando a doação em nosso país e quais são os *gaps* que precisamos preencher.

DESTAQUES

Em 2022, 84% dos brasileiros acima de 18 anos e com rendimento familiar superior a um salário-mínimo fizeram ao menos um tipo de doação, seja de dinheiro, bens ou tempo (voluntariado). Dois anos antes, a média ficou em 66%. A doação diretamente para ONGs e projetos socioambientais ficou estável, em 36%.

Quanto ao volume de recursos destinados, a mediana* das doações alcançou R$ 300. Em 2015, era de R$ 240 e, em 2020, de R$ 200. O crescimento foi puxado por um maior percentual de doações mais altas durante o último ano. O cálculo permite estimar que 12,8 bilhões de reais foram destinados a ONGs e projetos socioambientais, ou seja, doações institucionais, o equivalente a 0,13% do PIB de 2022 (R$ 9,9 tri). Para efeito de comparação, em 2021, o valor destinado a organizações e causas de interesse público pelas 324 empresas e 17 institutos participantes foi de R$ 4,1 bilhões.

Veremos, agora, alguns tópicos da pesquisa separadamente.

* A mediana considera os valores mais praticados pela sociedade e despreza os valores extremos, ou seja, as doações muito altas ou muito baixas que deturpam a média.

QUAL O DESTINO DAS DOAÇÕES EM DINHEIRO?

48% afirmaram ter feito algum tipo de doação em dinheiro em 2022. O valor é sete pontos maior do que o encontrado em 2020. Parte desses recursos foi destinada a ONGs, projetos socioambientais ou campanhas de cunho social, sendo que o percentual da população que faz doações institucionais é de 36%. Chama a atenção, entretanto, o aumento significativo do percentual de pessoas que declararam doar esmolas, subindo de 6% em 2020 para 16% em 2022. Esse crescimento está alinhado com o aumento (de 1%, em 2020, para 10%) das doações institucionais para organizações e projetos que atendem pessoas em situação de rua, mostrando a sensibilidade aguçada para a causa.

MEIOS DE PAGAMENTO

Houve um aumento expressivo de doações via PIX e redes sociais, demonstrando o importante papel da tecnologia na facilitação das doações. Para fazer as doações institucionais, o PIX foi o canal favorito, ficando com 39% dos doadores, enquanto a doação em dinheiro vivo vem sendo cada vez menos adotada. Também houve aumento no percentual dos que declararam ter feito doação na forma de arredondamento, isto é, abrindo mão do troco de centavos para que o estabelecimento comercial encaminhe o valor a alguma organização socioambiental. A escolha por "arredondar" o valor pago nos estabelecimentos, que era feita por menos de 1% dos doadores institucionais em 2020, passou a ser feita por 11%.

ATUAÇÃO CIDADÃ DE MARCAS E EMPRESAS

A pesquisa procurou compreender como a percepção sobre a reputação de marcas e empresas influencia as decisões de consumo. O resultado mostra que as pessoas punem muito mais as empresas e marcas que possuem condutas inadequadas (77%) do que premiam as que adotam boas práticas e investimento social (44%). Entre os doadores institucionais, esse impacto é ainda maior – 85% e 49%, respectivamente.

REPUTAÇÃO DE MARCAS E EMPRESAS

Ao decidir comprar um produto ou contratar um serviço, você leva em consideração se essa marca ou empresa faz investimento social e/ou apoia causas?

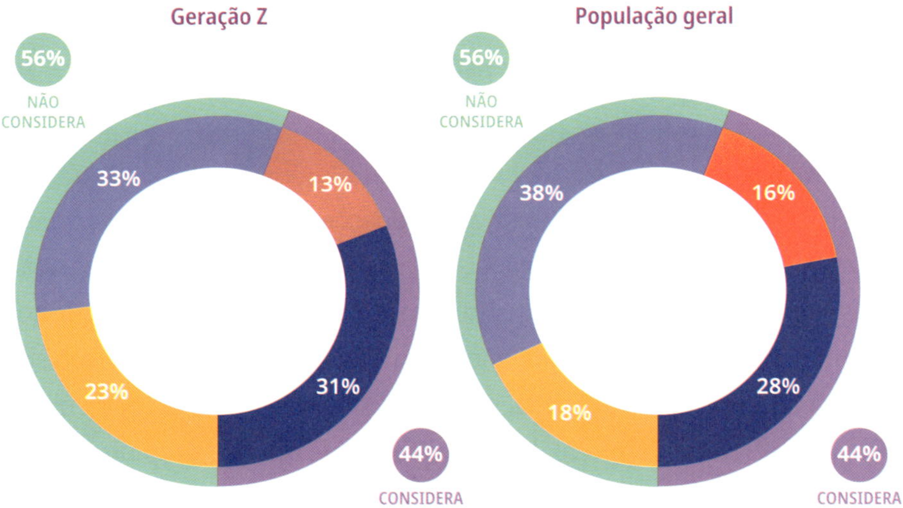

CÍRCULO SOCIAL OU MÍDIAS DIGITAIS: QUAL INFLUENCIA MAIS A DOAÇÃO?

Foi incluída nesta edição uma pergunta relacionada aos atores que mais estimulam a doação. Os doadores institucionais tiveram que escolher, dentre uma lista de possibilidades, os três mais importantes para eles. As respostas mostraram que o convívio social nos locais religiosos e nas comunidades tem maior poder de influenciar o doador, seguido da família, vizinhos e amigos. Já as mídias sociais e influenciadores digitais aparecem na quarta posição, com 17%. Entre a Geração Z, o valor de alcance das mídias e influenciadores digitais chega a 25% dos doadores.

INFLUÊNCIA DAS REDES SOCIAIS

Um em cada quatro jovens considera influenciadores digitais e redes sociais na decisão de doar, bastante acima da média da população.

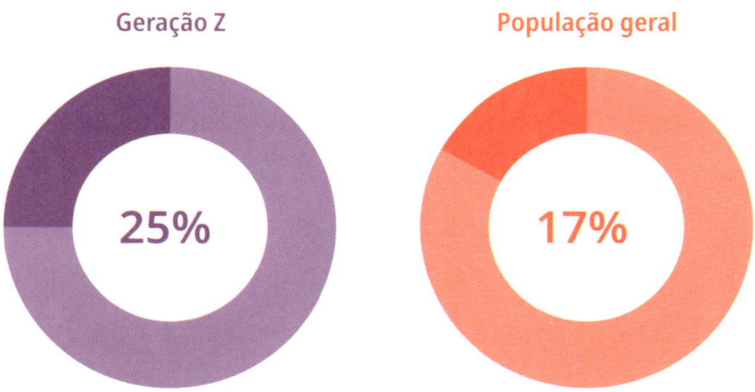

Quando perguntados sobre quais mídias sociais os influenciam a doar, as mais citadas – tanto entre a população geral quanto no recorte de Geração Z – são o Instagram (85% e 89%, respectivamente), seguido pelo Facebook (33% e 37%, respectivamente). Instagram é a rede social que mais influencia na doação, mas não é a que capta os valores mais altos, posto ocupado pelo WhatsApp.

GERAÇÃO Z: COMO DOA O JOVEM ENTRE 18 E 27 ANOS?

Assim como na população em geral, os dados sobre a Geração Z demonstram que os jovens estão doando mais. Enquanto, em 2020,

63% diziam ter feito algum tipo de doação, em 2022, o número chega a 84%, igualando-se à média nacional. Os destaques de doação nesse recorte estão principalmente para doadores de bens (76%) e trabalho voluntário (30%). Já quanto à doação de dinheiro para ONGs e projetos socioambientais, os jovens ficam 9 pontos abaixo da média geral, 27% contra 36%. Este é considerado pelo IDIS um fenômeno natural, uma vez que a disponibilidade de dinheiro nessas idades, por vezes, é menor do que quando comparada a pessoas mais velhas.

A pesquisa mostra também que jovens que doam têm a tendência de também promover ou contribuir de alguma forma em campanhas de arrecadação ou mobilização para ajudar outras pessoas. Isso foi confirmado por sete em cada dez jovens doadores em 2022 e 20% dizem terem feito isso mais de uma vez.

Quando falamos em causas, ações ligadas à infância e ao combate à fome são as duas primeiras colocadas na preferência dos brasileiros, e isso se confirma também entre os jovens. Porém, o ranking segue com diferença entre os doadores da Geração Z e da população geral. Os jovens se sensibilizam mais com pessoas em situação de rua e situações emergenciais, mostrando disposição a questões mais visíveis e com impactos mais imediatos. A causa animal também conta com mais simpatizantes entre a Geração Z do que na população como um todo.

OUTROS DESTAQUES

Mais da metade da população com rendimento familiar acima de seis salários-mínimos fez ao menos uma doação institucional em 2022. As únicas faixas que registraram crescimento no percentual de doadores foram a população com renda familiar entre um e dois salários-mínimos (de 25% para 29%), menor escolaridade, de 27% para 32% entre aqueles com até o Ensino Fundamental completo, e adultos acima de 60 anos (de 32% para 42%).

Os homens estão doando mais. 37% dizem ter feito alguma doação para ONG ou projeto socioambiental em 2022 (um aumento de cinco pontos percentuais) e agora a participação se equiparou à das mulheres, que caiu nos últimos anos.

O impacto da pandemia ainda perdura, e 38% dos doadores dizem que a experiência os levou a doar mais para ONGs.

PERCEPÇÃO SOBRE AS ONGs

Em 2020, com o protagonismo das ONGs durante a pandemia, houve uma melhora significativa da opinião pública sobre as organizações da sociedade civil. Dois anos depois, os dados mostram uma retração considerável, mas ainda mais positiva que a imagem em 2015. Os maiores recuos surgem nas questões relativas à confiança nas organizações do Terceiro Setor. Na afirmação: "As ONGs deixam claro o que fazem com os recursos que aplicam", houve uma queda de 14 pontos percentuais na concordância (de 45% para 31%); e para a afirmação: "A maior parte das ONGs é confiável", o registro foi de dez pontos percentuais a menos (de 41% para 31%).

Os jovens da Geração Z, pelo contrário, se mostram muito mais otimistas e positivos em relação às ONGs em todos os quesitos.

PERSPECTIVAS*

De acordo com o IDIS, de modo geral, há um clima de otimismo em relação ao crescimento da prática da doação. Entre os doadores

* IDIS. Disponível em: https://www.idis.org.br/. Acesso em: 19 ago. 2024.

institucionais, 45% afirmam que doarão mais no ano seguinte. Na edição anterior, este percentual foi de 36%. O mesmo movimento aparece entre os doadores da Geração Z: 52% se dizem dispostos a doar mais. Outro dado positivo é que 93% dos não doadores disseram que poderiam passar a doar, uma grande variação em relação a 2020, quando apenas 57% estavam dispostos a isso. O gatilho para a mudança de atitude, entretanto dividiu opiniões: 28% disseram que passariam a doar se tivessem mais dinheiro, 13% indicaram que gostaria de saber como o dinheiro está sendo usado e 12%, que tinham o desejo de conhecer uma ONG em que confiem para decidir doar.

"Estamos diante de um processo de tomada de consciência sobre o papel e o poder do cidadão na sociedade brasileira. Se cada um de nós contribuir, à sua maneira, e se cada um se perceber como um agente de mudança, avançaremos na redução das desigualdades, na proteção do meio ambiente e nas transformações que queremos ver no Brasil. Nossa cultura de doação está se fortalecendo e isso é o que os números revelam", disse Paula Fabiani, CEO do IDIS.

A Pesquisa Doação Brasil 2022 é uma iniciativa do IDIS e da CAF – Charities Aid Foundation. A realização é da Ipsos e conta com o apoio de vários institutos parceiros.

PASSEMOS PARA O WORLD GIVING INDEX

Este é o principal estudo do mundo sobre generosidade global e é feito desde 2009. A pesquisa* oferece uma visão importante sobre como as pessoas se envolvem em atividades sociais em

* Os dados foram coletados ao longo de 2022. A iniciativa é da organização britânica Charities Aid Foundation (CAF), representada no Brasil pelo IDIS – Instituto para o Desenvolvimento do Investimento Social.

benefício de suas comunidades e para defender o crescimento das doações globais.

Como de praxe, foram feitas três perguntas-chave aos entrevistados de 142 países. As questões referem-se ao que as pessoas fizeram no mês anterior.

1. Você ajudou um estranho?
2. Você doou dinheiro a uma organização social?
3. Você fez algum tipo de trabalho voluntário?

O resultado foi que, em todo o mundo, 4,2 bilhões de pessoas ajudaram alguém que não conheciam, fizeram trabalho voluntário ou doaram dinheiro para uma boa causa, o correspondente a 72% da população mundial adulta. A média global da solidariedade, assim como a média de cada uma das três variáveis, apresenta estabilidade em relação ao ano anterior.

Pelo sexto ano consecutivo, o país mais generoso do mundo é a Indonésia. Em segundo lugar, está a Ucrânia, arrasada pela guerra, que estava na décima posição no ano passado e vigésima dois anos antes. Apenas três dos dez países mais bem colocados estão entre as maiores economias do mundo (Indonésia, Estados Unidos e Canadá), enquanto um dos países mais pobres e menos desenvolvidos do mundo, a Libéria, aparece em quarto lugar.

As pessoas que avaliaram sua vida em termos positivos foram mais propensas a terem feito um ato de generosidade, com alguns dos países mais felizes do mundo ficando no top 10 de doações de dinheiro (Suécia, Dinamarca, Holanda e Islândia). Portanto, a forma como um indivíduo percebe sua situação de vida atual está ligada à probabilidade de doar dinheiro.

Outro dado interessante é que os imigrantes são mais propensos a doar do que os nascidos no próprio país (43% x 39%), particularmente na Europa, no Oriente Médio e no Norte da África. Aqueles que dizem ter nascido em outro país tendem a ter uma pontuação média mais alta do que os nascidos no país na maioria das regiões. Nas Américas, o achado se confirma e a diferença é de 46% para 41%.

Em relação ao Brasil, que ficou em 89º lugar, houve queda em todos os indicadores, sendo a mais acentuada a de doações para ONGs, que passou de 41% para 26%. A ajuda a estranhos foi praticada por 64% dos respondentes em 2022, contra 76% no ano anterior. O voluntariado caiu de 25%, em 2021, para 21%. A pontuação média ficou em 37%. Apesar de o Brasil ter ocupado posições melhores no ranking em anos anteriores, esta foi a segunda maior pontuação do país desde o lançamento do índice há 14 anos. Paula Fabiani analisa: "A edição anterior refletia ainda os impactos da pandemia, quando a generosidade estava em alta e as formas de participação, seja por meio de doações ou voluntariado, estavam mais evidentes. A queda da cobertura *destes* temas na mídia, somada ao empobrecimento da população e ao clima de incerteza e desconfiança comum em períodos de eleição, contribuíram para diminuição da participação da população na prática da doação".

TOP 10 NO WORLD GIVING INDEX 2023

1. Indonésia
2. Ucrânia
3. Quênia

4. Libéria
5. Estados Unidos
6. Myanmar
7. Kuwait
8. Canadá
9. Nigéria
10. Nova Zelândia

RECOMENDAÇÕES PARA AUMENTAR AS DOAÇÕES GLOBAIS

Veja quais são as recomendações dos organizadores e pesquisadores do World Giving Index.

Os governos precisam:

- Garantir que as organizações da sociedade civil sejam regulamentadas de forma justa, consistente e aberta.
- Facilitar as doações e oferecer incentivos para doações sempre que possível.
- Promover a sociedade civil como uma voz independente na vida pública e respeitar o direito das organizações sem fins lucrativos de se manifestarem sobre questões importantes.

Os financiadores internacionais precisam:

- Fornecer financiamento para organizações que prestam apoio a doadores e organizações da sociedade civil para que possam construir infraestruturas capazes de gerar fundos para futuras ações e garantir sua sustentabilidade.

- Financiar organizações locais diretamente para melhorar a transparência na prestação de contas e a eficiência da ajuda aos beneficiários.
- Reconhecer a importância de ajudar os beneficiários a terem meios de emancipação e formas de financiamento adequadas.

As organizações da sociedade civil precisam:

- Garantir a boa governança e a transparência sobre o impacto alcançado para conquistar a confiança da população.
- Estabelecer parcerias significativas com as comunidades locais para que participem da tomada de decisões.
- Reconhecer e desenvolver formas regulamentadas de doação para criar organizações e uma cultura de doação que colaborem com os pontos fortes do contexto das comunidades.

Neil Heslop OBE, CEO da Charities Aid Foundation, afirmou: "O World Giving Index nos dá razões para otimismo em um momento de grande instabilidade. A generosidade é inata ao comportamento humano e nos une a todos como uma comunidade global. A diversidade de países que lideram o índice destaca isso. Doar é construir uma conexão com aqueles que nos cercam, estejam eles do outro lado da rua ou do outro lado do mundo".

CAPÍTULO 11

CORAÇÃO DILATADO

Que virtude maravilhosa é a constância!

Constância: qualidade daquele que não falta a uma tarefa, dever, aula etc.; assiduidade, frequência.

E por que estou falando dessa virtude? Porque todas as organizações da sociedade civil e, portanto, seus beneficiários, precisam de doadores constantes.

Nos últimos anos, as organizações sociais têm desempenhado um papel crucial na busca por soluções para uma série de desafios sociais, como a pobreza, a falta de acesso à educação e cuidados de saúde, a preservação do meio ambiente e muitos outros. Para sustentar suas operações e promover o impacto desejado, elas dependem da generosidade dos doadores. Entre os tipos de doações, a figura do doador recorrente ganhou destaque.

Escrevo este breve capítulo para falar da importância desse grupo de apoiadores para o sucesso e a sustentabilidade das ONGs. É como um apelo discreto, mas premente, para que mais pessoas dilatem o coração e abracem uma causa de modo constante; é também uma forma de encorajar e reconhecer esse tipo de doador.

Como estive durante quatro anos à frente da diretoria voluntária de comunicação, marketing e captação de recursos de uma ONG, devo dizer que acredito que o doador recorrente tem coração nobre e generoso, e que precisa ter ousadia para se comprometer com a manutenção dos serviços de uma organização social da qual dependem muitas pessoas. Sim, ousadia para acreditar na entidade que escolheu para "investir" seu dinheiro. Essa ousadia deve vir acompanhada da exigência de uma prestação de contas transparente, claro. Falaremos mais detalhadamente sobre a ousadia na prática da filantropia no próximo capítulo.

Além de nobre e generoso, o coração de um doador que doa todo mês para manter uma organização social operante deve, obrigatoriamente, ser também constante, pois os dirigentes da organização precisam saber que, mês a mês, terão esse apoio financeiro para tocar não somente seus projetos esporádicos, mas para cuidar de toda a manutenção necessária: salários, água, luz, telefone etc. Acho que isso precisa ser dito, pois o óbvio muitas vezes é invisível, já que podemos não ver o que temos na ponta do nariz...

Muitos dos doadores recorrentes são empresários, e certamente as empresas que eles lideram ganham com essa consciência de que todos nós, independentemente de nossa profissão, temos que ter um propósito elevado não apenas em nossa atuação ou na linha de produção, mas também em relação ao mundo ao nosso redor, em relação à criação de valor para todos, para o planeta. O líder de uma empresa pode e deve ser um testemunhador de como é bom fazer o bem, escolher uma causa para apoiar. Afinal, a solidariedade também pode ser aprendida e desenvolvida por meio dos bons exemplos.

EU, TU, ELE... NÓS!

Quantas vezes percebi o brilho no olhar dos doadores recorrentes quando viam o resultado de suas doações! Eram sorrisos das crianças atendidas porque agora tinham um lugar melhor para viver, eram instalações mais adequadas para receber crianças e jovens com deficiências múltiplas, alimentação melhor para todos... Enfim, poderia elencar uma série de benfeitorias que encheram os apoiadores de emoção. Dessa forma, o compromisso assumido por eles se transformava em gotas de orvalho reconfortantes que caíam em seus próprios corações e que abrasavam o coração dos que eram responsáveis pelo funcionamento da ONG.

BENEFÍCIOS PROVENIENTES DA DOAÇÃO RECORRENTE

COMPROMETIMENTO A LONGO PRAZO

A previsibilidade das receitas provenientes dos doadores recorrentes é uma vantagem inestimável, pois evita as oscilações financeiras imprevisíveis que podem afetar a eficácia das ações sociais.

IMPACTO CUMULATIVO

As doações regulares vão se somando ao longo do tempo, permitindo que as organizações realizem projetos e programas de maior escala e alcance, ou seja, contribuem para a sustentabilidade da ONG. Além disso, os recursos provenientes dos doadores recorrentes proporcionam uma base sólida para uma rápida mobilização de ajuda no caso de emergências e crises: desastres naturais, pandemias ou crises humanitárias, por exemplo.

PARTE DA MISSÃO

Ao fazer doações regularmente, os doadores se tornam parte ativa da missão da organização social. Essa participação ativa contribui para o sucesso geral da ONG.

Com essas breves palavras, espero ter aberto um campo para a reflexão de que os outros deveriam ter mais espaço e mais peso em nosso coração.

Madre Teresa de Calcutá disse: “O bem que você faz hoje pode ser esquecido amanhã. Faça o bem assim mesmo. Veja que, no final das contas, é tudo entre você e Deus. Nunca foi entre você e os outros”.

CAPÍTULO 12
OUSADIA

O Instituto para o Desenvolvimento do Investimento Social é uma daquelas instituições que devem orgulhar o Brasil e os brasileiros. Além de incentivar o investimento para projetos socioambientais, o IDIS tem o poder de fomentar a cultura de doação e de trazer conceitos e métricas para o Terceiro Setor, com números, análises e ideias geniais como o Fórum Brasileiro de Filantropos e Investidores Sociais*. Foram reunidos grandes nomes nacionais e internacionais do investimento social privado para falar sobre a importância da ousadia na evolução da filantropia e no combate à pobreza.

Participaram presencialmente 265 pessoas e mais de 900 acompanharam a programação de forma remota. Ao todo, 43 palestrantes e 18 anfitriões de mesas temáticas conduziram as dez horas de programação. Em 12 edições, o evento já reuniu mais de 1.500 participantes, entre filantropos, líderes e especialistas nacionais e internacionais.

E eu pergunto a vocês, caros leitores: o que é capaz de reunir tanta gente, que poderia estar fazendo muitas outras coisas, para

* Acesse o link e assista às sessões na íntegra: https://www.youtube.com/playlist?list=PLvLWaKLzNd4pMZEOSsubVqBdKBlwUKDre

doar seu tempo e contribuir com o avanço do Terceiro Setor e, mais do que isso, com a caminhada para combater as desigualdades em nosso país? Tenho certeza de que vocês acertaram: a solidariedade!

O Fórum tem o claro objetivo de acelerar soluções por meio das conexões feitas durante as palestras e das trocas de experiências entre a comunidade filantrópica. Dessa forma, há um fortalecimento da filantropia estratégica para a promoção do desenvolvimento da sociedade brasileira.

Gosto muito dos eventos do Terceiro Setor, pois, na maioria das vezes, mesclam emoção e pragmatismo, com a solidariedade à flor da pele. No evento do IDIS, não foi diferente. Quantas boas ideias surgiram nesse dia repleto de reflexões sobre como lançar mão de todos os recursos, inclusive da ousadia, para combater as desigualdades e dar chance a quem precisa crescer, aprimorar seus conhecimentos e galgar novos degraus na vida.

As sessões do Fórum discutiram uma ampla gama de questões relacionadas ao Investimento Social Privado, enfatizando a necessidade de abordagens inovadoras e corajosas para enfrentar desafios socioambientais e apontando como esta modalidade de investimento pode contribuir para estratégias de sustentabilidade corporativa. Entre os participantes estavam Armínio Fraga (filantropo e ex-presidente do Banco Central), Geyze Diniz (cofundadora do Pacto Contra a Fome), Gilson Rodrigues (Presidente do G10 Favelas) e Priscila Cruz (Presidente executiva do Todos pela Educação), que contribuíram com suas perspectivas e experiências em filantropia e transformação social.

E vejam só a ousadia dos organizadores: uma das mesas de discussão falou da importância de aprender com os erros e não apenas com os sucessos, mostrando que os desafios e fracassos também podem oferecer valiosas lições e inspirações. Durante as conversas, foi analisado ainda o avanço das práticas de avaliação de impacto baseadas em evidências.

O encontro também abordou como se faz necessário considerar as especificidades e saberes dos territórios ao implementar ações sociais, amplificando vozes historicamente silenciadas e promovendo um futuro mais equitativo.

OUSADIA NO COMBATE À POBREZA

O Fórum Brasileiro de Filantropos e Investidores Sociais contou com uma plenária sobre a necessidade urgente de ousadia no combate à pobreza, com contribuições de líderes como Gilson Rodrigues e Nivedita Narain (CEO da CAF Índia).

Gilson destacou a importância de ver as favelas como locais de conhecimento e potencial. O G10 Favelas tem destacado a relevância da inovação e empreendedorismo para atingir as mudanças necessárias, argumentando que para o investimento social ser eficaz no combate à pobreza deve garantir a geração de oportunidades e o acesso a serviços básicos.

> ***"Nós acreditamos, efetivamente, que precisamos criar soluções a partir dessa realidade para que a favela possa prosperar e não depender apenas das condições de doação. Temos buscado criar soluções para impactar positivamente a sociedade e para que a população possa ter trabalho e renda para se desenvolver."***

Nivedita Narain enfatizou a coragem imprescindível não somente para apoiar ações contra a pobreza, mas contra outro grave problema em nossa sociedade: a violência de gênero. Ela esteve à frente de iniciativas em seu país que colocaram a sociedade civil organizada como um ator-chave no enfrentamento da pobreza e da violência de gênero. Retomando tendências recentes da filantropia ao redor do mundo, ela disse que, no século XXI, houve uma mudança no curso das doações privadas, que passaram a ser mais direcionadas aos governos, o que acarretou uma diminuição da integração de organizações da sociedade civil neste processo.

> ***"Quando você fala em ousadia, eu penso em coragem. Precisamos de muita coragem para alavancar mudanças para as mulheres, pois a mudança precisa de coragem, ela não acontece facilmente".***

Assim, a CEO da Charities Aid Foundation na Índia deixou como lição a necessidade de se observar fatores como participação comunitária e de gênero quando refletimos sobre desenvolvimento local e para sermos capazes de atingir as metas da agenda 2030.

OUSADIA NA FILANTROPIA FAMILIAR

O evento abordou também a ousadia na filantropia familiar e o apoio a causas invisibilizadas, como a violência sexual infantil, evidenciando como é relevante usar da criatividade para enfrentar tais fatores e reconhecendo como o engajamento familiar em causas sociais pode se tornar estratégico e transformador, especialmente ao envolver as novas gerações e fortalecer as instituições.

Durante as conversas, Luciana Temer, diretora-presidente do Instituto Liberta, que trabalha para dar visibilidade ao combate à violência sexual infantil, comentou como muitos investidores e empresas não têm interesse em investir nesta causa por considerarem "um tema feio". Eles não querem associar sua marca com este tipo de assunto.

Luciana levantou uma discussão sobre *socialwashing* e a realização de investimentos apenas em causas que estão "na moda", visando principalmente a valorização da marca aos olhos do consumidor e de potenciais investidores. A diretora-presidente do Instituto Liberta comparou o tema com o combate à violência contra a mulher, que também não era falado porque era considerado um assunto que deveria ser tratado dentro de casa, como diz o ditado: "em briga de marido e mulher não se mete a colher". Luciana Temer afirmou que esse pensamento deve ser combatido, visto que a violência sexual infantil, assim como a violência contra a mulher, "são problemas intrafamiliares, silenciados e estão em todas as classes sociais".

Isadora Pagy, analista de projetos do IDIS, argumentou:

> ***"Apesar da importância, as causas invisibilizadas são consideradas residuais e não estruturantes. Justificativa utilizada por vezes sucessivas para não olhar com seriedade e estratégia para tais temas; o que cria um grau de dificuldade maior de engajar parceiros, sendo necessária a ousadia para endereçar tais questões socioambientais".***

Ao final do evento, Paula Fabiani, CEO do IDIS, declarou:

> ***"Quando começamos a planejar este encontro, tivemos dúvidas se teríamos casos suficientes de ousadia. Conforme fomos desenhando a agenda, descobrimos histórias surpreendentes, e vê-las***

juntas foi muito potente. Sonhar é um ato necessário para que sejamos capazes de atingir mudanças sociais".

A filantropia com relatos de coragem sempre me encantou. Aqui eu acrescento uma história que, além da ousadia, tocou meu coração pelo amor e desprendimento em ajudar um estranho. Aliás, "ajudar um estranho" faz parte das perguntas preliminares para construir as estatísticas da pesquisa World Giving Index, pois é um ato de solidariedade que requer muito amor pelo próximo.

Bem, esta é a história.

Um casal paulista, que não conseguiu ter filhos, adotou um jovem afegão de 19 anos que se refugiou em nosso país. O rapaz deixou a terra natal em crise em busca de paz. Ele é artesão e expôs as bolsas e outros artefatos que produziu em uma feira para lá de solidária, que celebrou a tradição e a cultura de imigrantes e refugiados, no Museu da Imigração em São Paulo.

A vida de Esmatullah Mohsini foi transformada pelo acolhimento e pelo trabalho.

Muito além da letra, nessa história que reuniu três pessoas, agora em uma família, estão em comunhão a caridade, a filantropia e a solidariedade.

Como ações ousadas podem reduzir as vulnerabilidades sociais e institucionais!

CAPÍTULO 13

TEORIA U

A teoria da escuta

Acho importante falarmos aqui dessa ferramenta que tem tudo a ver com a solidariedade entre os pares de uma organização, com uma sociedade mais integrada e colaborativa e com a eficiência na gestão das empresas.

A Teoria U é apresentada como uma poderosa ferramenta social de transformação.

Na prática, esta teoria auxilia de forma intensa na capacidade de escuta dos líderes e dos colaboradores. Como consequência, o engajamento das equipes e a atenção às atividades diárias tendem a melhorar. Com isso, é possível identificar soluções e gerar propostas e projetos de fato novos e com mais probabilidade de longa duração. O cerne dessa teoria, portanto, tem relação direta com o incentivo para que as lideranças desenvolvam uma profunda compreensão de tudo e todos que fazem parte de sua equipe, para que a colaboração mútua seja consciente. Isso vale para governos, empresas do Segundo Setor e do Terceiro igualmente.

Em termos conceituais, a teoria está contemplada no livro *O essencial da Teoria U: princípios e aplicações fundamentais*, de Otto

Scharmer, professor do MIT (Instituto de Tecnologia de Massachusetts), e fala basicamente sobre os processos fundamentais para garantir a transformação de um negócio e de sua gestão.

As organizações da sociedade civil podem se beneficiar muito deste modelo, pois o intuito da Teoria U é sempre elevar a produtividade, seja em que campo for: negócios e atividades colaborativas em geral. O foco é criar um clima e uma cultura organizacionais de união e trabalhar em busca de soluções viáveis para desenvolver os projetos.

O Modelo U diz respeito a abrir nossa mente, emoções e vontade para atingirmos momentos de inovação. O "U" na teoria representa a forma da jornada que leva à criação conjunta de soluções sustentáveis.

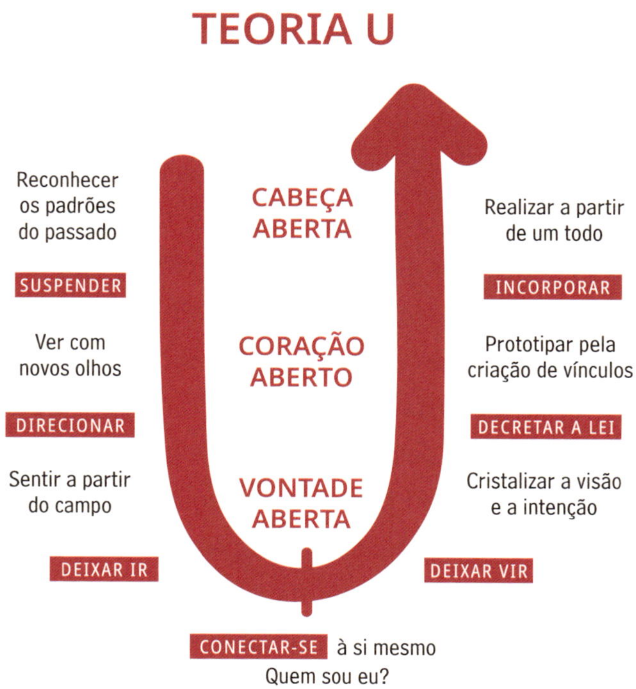

Otto Scharmer diz que o processo de transformação precisa de um começo, um meio e um fim, com etapas muito bem planejadas que devem seguir um ritmo decrescente primeiro, para depois dar a arrancada e chegar à segunda ponta do U. Afinal, mudanças significativas não podem ser implementadas em um ritmo frenético e, às vezes, diminuir o ritmo para saborear cada ponto da trajetória se faz imperativo. Nada de soluções rápidas e superficiais!

Durante todo esse processo, o importante é detectar quais são os comportamentos e projetos que podem ser tirados do caminho para garantir a inovação. Desapegar de velhos paradigmas é importante.

AS ETAPAS

SUSPENDER

O ato de suspender significa incentivar a pensar antes de fazer, para evitar ações atabalhoadas, incentivar a revisão das principais decisões para fazer ajustes necessários.

REDIRECIONAR

Pode ser necessário redesenhar a forma como o projeto foi posto, a partir da análise dos relacionamentos e do mundo à volta, de olho nos pontos fortes e fracos.

SENTIR

Nessa etapa, deve-se observar e perceber melhor o impacto que o projeto pode e deve ter na sociedade, no meio ambiente e a própria organização entre os funcionários e voluntários.

PRESENCIAR

Nesse momento da jornada, é preciso fazer o que se deve e estar de fato presente no que se faz, como dizia São Josemaria Escrivá, fundador do Opus Dei. Vivenciar os impactos é um passo importante para identificar se há conexão com a vocação da organização social.

CRISTALIZAR

Identificar que mudanças devem ser feitas para alinhar o negócio com a sociedade e os próprios valores da OSC, montando um planejamento estratégico.

PROTOTIPAR

Esse ponto nada mais é do que colocar as mudanças em prática e testá-las, mesmo que paulatinamente.

INCORPORAR

Finalmente, deve-se pôr em prática o que deu certo na fase anterior.

VAMOS A UM EXEMPLO PRÁTICO

No livro *Presença: propósito humano e o campo do futuro*, que Scharmer escreveu com Joseph Jaworski, Betty Flowers e Peter Senge, foi citado o exemplo da Nike, mundialmente conhecida como um *case* de sucesso e inovação constante. Para os autores, a empresa é um modelo de utilização bem-sucedida da teoria U a partir da percepção. Eles contam que uma das líderes da Nike, Darcy Winslow, foi incumbida de desenvolver processos e produtos ambientalmente sustentáveis para o setor de calçados femininos da empresa. Para isso, Winslow criou um grupo de colaboradores de várias áreas que deveriam definir estratégias empresariais sustentáveis. O grupo analisou o cenário da organização, vivenciando e participando dos processos internos. Depois, todos se questionaram sobre os compromissos mais profundos que deveriam ser adotados para a preservação do planeta. Estimulados pelo desafio, os funcionários começaram a comentar o tema, a compreender sua importância e a ter ideias inovadoras. O grupo acabou se envolvendo de tal forma que não só foram criados produtos de consumo, mas também foi desenvolvida uma nova forma de gestão para toda a empresa, que se tornou exemplo de sustentabilidade.

Todos os passos da Teoria U visam promover a transformação pessoal e coletiva ao mesmo tempo.

CAPÍTULO 14

INFLUÊNCIA PORTUGUESA, COM CERTEZA

Em sua dissertação para o mestrado de Estudos Brasileiros na Universidade de Lisboa, em parceria com a Faculdade de Letras e o Instituto de Ciências Sociais, intitulado "Bases comuns do voluntariado no Brasil e Portugal: entre a tutela e a emancipação", Bruno Barcelos Morais fez uma esclarecida reflexão sobre o voluntariado brasileiro, em uma relação direta com nossas raízes portuguesas. Bruno tem quase 20 anos de experiência na coordenação de projetos e em consultorias nas áreas de Sustentabilidade, Estratégia ESG, Responsabilidade Social Corporativa e Impacto Social para iniciativas privadas e públicas no Brasil e em Portugal, e enveredou pelo universo acadêmico para esmiuçar a temática do voluntariado, propondo que as suas bases institucionais são comuns em terras brasileiras e portuguesas. Ele observa em que medida as iniciativas empreendidas diferem e em que momento se encontram. Bruno Barcelos me permitiu trazer neste livro seus principais achados desse mergulho cheio de histórias de solidariedade e filantropia.

Vamos acompanhar a tese.

"O termo voluntariado como hoje é aplicado, nos seus diversos matizes, é um produto decorrente de um conjunto de iniciativas historicamente empreendidas diante da pobreza. Perceber o fenômeno do voluntariado como forma de 'reação' da sociedade civil – individual ou institucional –, ou do Estado à pobreza, só é possível se soubermos discernir sobre quais valores de caridade e solidariedade, concepções de filantropia e abordagens da assistência determinada iniciativa voluntária se fundamenta, seja nos seus porquês, discursos, práticas e, principalmente, como impactam e influenciam nos resultados demonstrados. O voluntariado, junto aos outros termos analisados, é sempre a ação, e os demais vocábulos constituem seus atributos.

Como profissional que promove oportunidades de voluntariado, e sempre se dedicou a trabalhar e estudar o assunto, depois de tantos anos em campo, naturalmente alguns questionamentos surgiram sobre as práticas vigentes. Mais especificamente, sobre quais seriam as diferentes intenções por trás do engajamento ou da captura de voluntários por parte das instituições. E sendo assim, quais resultados se poderia esperar para os públicos envolvidos, na medida em que o foco dessas iniciativas varia, ora mais nos meios que nos fins. Assumir fazer o estudo desse tema, de fato, desde o primeiro instante, significou reavaliar cruamente todas as práticas às quais me vinculei até então."

História

A começar pelos hospitais e casas de misericórdia, Portugal é mestre e precursor no assunto. "A história da caridade é um grande livro, e Portugal tem nessa história um monumento." (COSTA, 1897, p.10)

No século XV, em Portugal, foi criado o Hospital de Todos os Santos e, a este, tende-se a associar a história das Santas Casas de Misericórdia.

Em termos formais, é possível diferenciar as misericórdias de outras irmandades pelo fato de que elas prestavam auxílio a terceiros. A maioria das irmandades organizadas no mundo luso tinha como fim principal, ainda que pudesse exercer a caridade, prestar auxílio a seus membros. Já as misericórdias eram confrarias organizadas especialmente para exercer a caridade a outros, ainda que também prestassem auxílio material e espiritual aos irmãos. Além disso, estas irmandades eram de imediata proteção régia e, com relação aos compromissos, só necessitavam de aprovação eclesiástica no que tocava a questões religiosas. (TOMASCHEWSKY, 2014, p. 33)

São notáveis os privilégios que todas as Misericórdias ganharam perante a coroa e às demais instituições do Reino, e como cresceram por Portugal, e, em seguida, diante do movimento de expansão marítima, se espalharam facilmente pelas colônias, inicialmente à imagem e semelhança dos modelos da Metrópole, carregando com elas as concepções políticas de assistência social, o exercício moral da caridade e o doutrinamento ao cristianismo.

"As Misericórdias foram fundadas em diferentes tempos e lugares, e, em que pesem as diferenças entre as instituições fundadas com este nome, quase sempre há uma tentativa de identificação com a "matriz" lisboeta. Parece haver a tentativa, por parte da historiografia, de estabelecer uma continuidade entre a irmandade fundada em Lisboa no século XV até mesmo com aquelas fundadas no Império do Brasil no século XIX." (TOMASCHEWSKY, 2014, p. 32)

É fato que todo um conjunto de misérias oriundas dos meios urbanos teriam desembarcado no momento em que a América foi vista por alguns cronistas como a "solução" para os depauperados portugueses, e que "as soluções encontradas pelo modelo assistencial passaram ao largo" a fim de maximizar "os usos de populações indesejadas no reino, espalhando-as pelos territórios colonizados". (FRANCO, 2011, p. 51)

"O historiador e cronista Pero Gândavo propunha uma espécie de simbiose de dois mundos, de um lado os pobres poderiam encontrar riqueza e, do outro, a nova terra ganharia população fixa". Até mesmo o degredo de condenados em Portugal poderia, segundo Gândavo, ser uma oportunidade de regeneração dos enviados à América, onde os cativos colonos teriam oportunidade de reaprender valores morais e fazer "muitas obras pias". (FRANCO, 2011, p. 52)

Em 1640, o número de Santas Casas já era superior a 300 (ABREU & PAIVA cit. por FRANCO, 2011, p. 66) e destas, pouco mais de uma dezena estavam em território americano. No Brasil, se instalaram primeiramente nas principais capitanias, como Pernambuco (c.1539) e São Vicente (c.1543) seguindo por outras. Dentre elas, a de Salvador era certamente o exemplo mais próximo das principais congêneres lusas.

Há ainda um embate fundacional para o título de Santa Casa mais antiga no Brasil, entre as de Santos e Salvador, sendo que as misericórdias do território com maior volume de estudo historiográfico são as de Salvador, Rio de Janeiro e Santos, por serem as mais antigas, alocadas nos sítios urbanos de maior efervescência, volume e qualidade de documentação. "A importação de africanos provocou um salto populacional significativo na recém-descoberta região mineradora: o número de cativos, que estava em torno de 20 mil almas na metade da década de 1710, alcançou cerca de 100 mil em 1735."

Na medida em que o Estado se propôs a regular e assumir responsabilidades, as relações com as confrarias e irmandades, especialmente intervindo em sua composição, função e recursos foram se alterando. Mais do que isso, se alternavam as relações e a estruturação público-privadas. Enquanto outros estados europeus reformavam profundamente seus sistemas assistenciais, Portugal tentava reformá-lo superficialmente, mantendo a estrutura das misericórdias, cuja organização foi sim inovadora, mas lá no final do século XVI. O Brasil, Estado nascente, seguiu de perto a política da antiga Metrópole intervindo no funcionamento de algumas dessas irmandades que apresentavam problemas administrativos e incentivando a organização de novas associações nas vilas e cidades que cresciam e/ou que eram fundadas. Porém, diferentemente do que ocorreu nas repúblicas vizinhas, as irmandades não foram dissolvidas. (TOMASCHEWSKY, 2014, p. 151)

Dois Estados independentes e a relação com a assistência

O que se observa, a partir do século XIX, em ambos os territórios, é uma gerência social cada vez maior por parte dos Estados, fazendo com que as iniciativas de "reação" às questões sociais tomassem configurações diferentes na medida também em que os cenários urbanos mudavam para densidades demográficas intensas e não planejadas, ocupados pela crescente classe operária – que reclamava direitos mas ainda continuava em situação de pobreza – e, em complexidade, miscigenada pelos fluxos *intensos de migrações. As práticas assistenciais e associativas dessa sociedade civil, quando empreende suas iniciativas organizadas, partem da caridade à filantropia e ao cooperativismo, requalificando, assim, tais ações de forma que sua representatividade simbólica e fatual ocupasse espaço de ação e diálogo sobre "direitos e deveres" junto ao Estado.*

Na configuração dos Estados, não existiam ainda direitos sociais como hoje os compreendemos, mas sim obrigação com alguns grupos em risco e que estavam destituídos de tal forma que não podiam por si manter sua existência ou que ameaçavam a ordem e as condições de saúde e higiene. Obrigações tais que permitiam uma cobrança da sociedade caso essas demandas básicas não fossem atendidas. Todavia, obrigação difere muito de direito. A partir do direito, mais social do que político, é estabelecida uma situação em que pode haver uma ação direta de exigência de certas prerrogativas legais. No caso da "obrigação", só é colocada a oportunidade de ação no centro do poder, e o que as pessoas podem fazer é pedir, implorar misericórdia; já que não têm direitos, a sua função é receber. (TOMASCHEWSKY, 2014, p. 40)

Se até então, no Brasil e em Portugal, a Igreja Católica era responsável pela interlocução entre doadores e assistidos, nas políticas sociais estimuladas pelo Estado, as reivindicações poderiam ser mais diretas. E quanto mais forte o associativismo, mais força no alcance dos direitos já legalmente concedidos ou conquistados.

Fatores vários explicam o intenso associativismo dos operários e das elites portuguesas no Brasil, como a compensação da falta de apoio consular, apoio à empregabilidade, à seguridade de familiares, e a assistência social básica como enterros e traslados.

Surgiram, então, associações fortes com diversos fins: religiosos, culturais, educativos, sindicais, de beneficência e auxílio mútuo, compondo e fortalecendo um movimento social que se tornaria cada vez mais ativo tanto por parte das associações de imigrantes quanto de famílias financeiramente estabelecidas.

Entre o final do século XIX e as primeiras décadas do XX, portanto, destacaram-se na sociedade civil brasileira intelectuais, políticos, lideranças religiosas ou leigas que, preocupados com a situação de uma crescente multidão de desvalidos, mobilizavam seus recursos – materiais e imateriais. "Chamaremos esse grupo de reformadores, pois, além de terem atuado como filantropos, sugeriram políticas públicas a adotar no combate à pobreza." (VISCARDI, 2011, p. 188)

O Brasil já se firmara como a terra produtiva e fertilizante da filantropia e da caridade. Por toda a parte espalham-se as casas de beneficência, os asilos, os orfanatos, os estabelecimentos hospitalares, os dispensários, as casas pias, as associações religiosas, os socorros mútuos, as devoções, as ordens e as irmandades. (PAIVA, 1922, p.1, cit. por VISCARDI, 2011, p. 188)

O território brasileiro passa também a se formar como terra de elite filantropa, na medida em que esta descobre que é refinado e conferia status ser filantropo, e atuar de acordo com as tendências que despontavam na Europa, como o caso da tendência e reputação dos médicos filantropos higienistas. A consciência social se estabelece de forma mais concentrada nas famílias, a filantropia particular familiar. E em continuidade no tempo, no que diz respeito às relações, em Portugal e no Brasil, o que passou a ser praticado a partir do século XX foi um sistema de assistên-

cia misto, sobre o que descreve Abreu (2014): "em que o público e o privado se encontram, com forte componente de voluntariado e muito dependente das dinâmicas locais. Uma realidade que esteve longe de se circunscrever a esses dois países, como bem se sabe. Só na aparência, contudo, é paradoxal a ambivalência de Estados que defendem ser de sua responsabilidade a proteção da população ao mesmo tempo que incentivam o aparecimento de sociedades filantrópicas, conservando para si o poder regulador, disciplinar e punitivo". (ABREU, 2014, p. 12)

A linha histórica da assistência aos pobres modifica-se em consonância com as políticas de Estado que se manifestam menos ou mais centralizadas. E, ao mesmo tempo em que o setor público passa a atuar nesse campo assistencial, também se estruturam as práticas de filantropia laicas, que não substituem imediatamente a caridade religiosa que se praticava anteriormente, e exercendo, basicamente, os mesmos tipos de ações.

Esses conceitos concomitantes, sem muito inovar, posicionam genericamente a assistência mais no chapéu do Estado, a caridade em associação com a Igreja, e a filantropia na organização pela sociedade civil.

Genealogia conceitual do voluntariado

A caridade

A caridade, que vem do latim caritas *e significa amor ao próximo, tem uma base do seu exercício ocidental no cristianismo, e é uma parente ancestral das iniciativas de voluntariado como conhecemos, praticada de forma institucional ou particular.*

Trata-se de uma elaboração moral sobre o costume da partilha – que sempre foi comum e natural nas relações tribais e nas instâncias de sociabilidade primária. Nesse contexto, a caridade se desenvolve de forma verticalizada nas relações entre instituições e indivíduos, gerando qualificações simbólicas para as bênçãos, estando ligada ao caráter nobilitante do indivíduo que a pratica e ao desvalimento de quem a recebe.

As motivações para as ações caritativas institucionais na Europa absolutista foram definidas por Sá (1997, p. 7–19) como uma obrigação dignificante do caráter das elites, e deveriam começar pela figura dos reis. E os princípios de fidalguia compassiva estavam imediatamente ligados aos valores cristãos da caridade. Ela era motivada nas mentes nobres, eclesiásticas e também nas leigas (como no caso das confrarias) e com essa embalagem foi levada à colônia – o futuro Brasil.

A valorização dos padrões morais (...) incentivou o uso recorrente das palavras caridade, compaixão, e mesmo pobreza e esmola como forma de ação também no universo político. Se as virtudes essenciais de um bom cristão passariam fundamentalmente por um temperamento compassivo e liberal em contraposição ao espírito avaro e egoísta, o rei deveria encarnar a figura máxima de uma visão benevolente com os mais fracos. (...) A caridade cristã aparecia como um grande investimento simbólico para o monarca. A utilização do termo "esmola" também imputava a obrigação moral de cumprir os preceitos caros à monarquia católica. A imagem de um monarca compassivo permeou discursos políticos.

A sociabilidade primária acontece quando os membros da comunidade são capazes de dar conta, a partir das relações parentesco e/

ou comunitária, dos indivíduos que não podem se manter sozinhos. A sociabilidade secundária acontece quando são criadas instituições específicas para cuidar das pessoas que, nesse caso, podem ser cunhadas de "desfiliadas". (TOMASCHEWSKY, 2014, p. 38–39)

Além disso, "os principais campos da socialidade primária são o parentesco, a aliança, a vizinhança, a associação, a amizade e a camaradagem. Por outro lado, pertencem à esfera da socialidade secundária os campos do teológico-político, da guerra e do intercâmbio mercantil. O Estado e o mercado pertencem à socialidade secundária; a esfera doméstica, à socialidade primária; e a esfera da dádiva entre estranhos pertence simultaneamente às socialidades primária e secundária". (GODBOUT & CAILLÉ, 1999, p. 163)

Para o entendimento do simbolismo incutido nas relações de caridade, é necessário conhecer os atores que o configuram em dois lados distintos: quem doa e quem recebe. Sobre o receptor, como afirma Witter (2007, p.157), a caridade está direcionada ao passivo desvalido, ou seja, os atos caridosos são concebidos para atender uma parcela da humanidade que é desprotegida por paternidade, o que nos remete à qualidade de "relações paternalistas". Para manter uma lógica como essa, o juízo dos beneficiários por hipossuficiência é essencial, pois ele é que garante a ação do doador. Como classifica Castel (1998, cit. por TOMASCHEWSKY, 2007, p. 14), as pessoas em situação de pobreza puderam ser público-alvo da caridade institucional religiosa em dois casos: quando eram incapazes de produzir e quando se tratava dos "desfiliados" que poderiam trabalhar, mas não encontravam emprego, e esses últimos eram facilmente enquadrados como vagabundos.

Entretanto, do outro lado, estão os doadores, para os quais pedir ou doar para fins de caridade era virtuoso, uma vez que não pediam para si, e "desprovidos do egoísmo", olhavam também pelos desvalidos e por eles intercediam, portadores, que eram, dos estandartes da caridade. Sob os olhos atuais, escrito dessa forma pode soar irônico, mas compunha a verdade simbólica do ato de benevolência.

De forma mais crítica, Tomaschewsky (2007) apresenta um olhar para as relações que a caridade dinamiza, pelo ponto de vista dos direitos e da justiça social: "A caridade e a filantropia foram os principais meios (e, de certa, forma fins) de distribuição da assistência aos pobres desde a Idade Média até pelo menos as primeiras décadas do século XX no mundo ocidental. Indivíduos, instituições e mesmo o Estado justificaram as atitudes tomadas para prestar socorro (ou controlar) aos pobres como atos de benemerência" (...) "sendo justificada dessa forma, a assistência não poderia ser compreendida como um direito, e as ações dos indivíduos ou instituições que prestavam assistência não poderiam ser pensadas como atos de justiça social". (TOMASCHEWSKY, 2007, pp. 15-16)

A filantropia

O termo vem das expressões gregas philos *e* anthropos *que, conjugadas, traduzem-se livremente como "amor" e "ser humano". Logo, cabe a interpretação de que significaria amor ao ser humano, ou à humanidade (ARAÚJO, 2015), que aparece no dicionário como: 1) enorme amor à humanidade; 2) generosidade com os outros; 3) caridade (Dicionário on-line Michaelis, 2019), e tem na sua prática equivalência em relação à caridade: subsistem ainda os pobres e esses justificam a existência dos doadores. Como postula Dilene*

Nascimento (2001, p. 1095), "a filantropia pode ser explicada, grosso modo, como a laicização da caridade cristã, ocorrida a partir do século XVIII, e que teve nos filósofos das luzes seus maiores propagandistas". E, sendo assim, segundo a autora, o "fazer o bem", a assistência e o socorro aos necessitados, transporta-se de "virtude cristã" da caridade para "virtude social" na filantropia, passando a generosidade a ser compreendida "como a virtude do homem bem-nascido, que tem inclinação para doar largamente" (NASCIMENTO, 2001, p. 1095). De fato, assim se identifica a forte incidência das grandes fortunas entre os principais filantropos, aplicada ao ocidente de forma geral, de forma extensiva também ao Brasil enquanto colônia e depois ex-colônia portuguesa, afirmando em si um discurso de ser mais efetiva do que a anterior caridade.

A sustentação da filantropia torna-se uma alternativa à manutenção do ato de doar caridoso, pois se o contexto caminhava para a maior racionalização e laicização, os atores sociais burgueses requalificavam a noção de nobreza e aristocracia, e as contribuições sociais prosseguiriam sob a mesma dádiva, apenas ressignificada.

A filantropia também se torna reconhecida nos séculos XIX e XX no ocidente como ação social exercida por empregadores, por famílias e particulares. Ela cresce como um conjunto de obras sociais de relevância e estímulo à produção científica – especialmente na área da saúde –, à partilha e à retribuição de riquezas, gerando atendimento continuado, e à disponibilização de patrimônio social e cultural por meio das fundações. As fundações, ainda que remontem aos tempos romanos, estão ligadas à filantropia de maneira funcional (ANDREWS, 1974, p. 56). São pessoas jurídicas ricas na diversidade de suas propostas de ação. Com o desenvolvimento da filantropia, as fundações ganharam regulação própria, e, em alguns países, regimes tributários específicos e papéis diferentes na relação com o Estado, desde a sobreposição à complementaridade na execução de políticas públicas.

Em alguns casos, as fundações, em acordos públicos, passaram a desempenhar, em parceria contratual e convênios, a função estatal na área da assistência social, educação, saúde e cultura. Essas relações buscavam, e ainda buscam, a manutenção das fundações como entes de apoio, num Estado mais centralizado ou descentralizado.

Viscardi (2011) defende que, quando não existe um Estado que seja promotor do bem-estar e seguridade sociais, as associações filantrópicas e as mutualistas serviam para preencher essa importante lacuna, "contribuindo para a implantação e a consolidação das relações capitalistas que foram sendo paulatinamente implantadas" desde o fim da escravatura. Nesse recorte em território brasileiro, acredita-se que tais associações "tenham cumprido um papel fundamental na sociedade civil, no momento em que surgiram e proliferaram... E chegavam até a funcionar como instrumentos facilitadores do processo de construção de cidadania". (VISCARDI, 2011, p.100)

Se, como sabemos, a filantropia na Comunidade dos Países de Língua Portuguesa (CPLP) tem a mesma raiz – a colonização portuguesa – e contou com o mesmo modelo de implementação, por meio das instituições de misericórdias, cujo padrão caritativo dependia da manutenção do status quo *do beneficiado, segundo Kisil (2014, p. 8), "esta influência foi tão grande que a própria palavra filantropia passou a ter o significado de caridade". "Em relação à palavra 'filantropia', em português, ela é muito ligada à palavra 'caridade'. No entanto, não se trata apenas da palavra, mas do significado geral que é associado à assistência aos pobres de forma paternalista."*

O Investimento Social Privado nasce como uma nomenclatura que desvencilha a filantropia da sua semelhança ancestral com a caridade nos territórios colonizados por Portugal. Diferentemente de outras partes do mundo, como no modelo americano, esse entendimento – como a filantropia era vista nos países de colonização portuguesa – motivou a adoção no Brasil desse novo conceito, o de "Investimento Social Privado", que significa "o repasse voluntário de recursos privados de forma planejada, monitorada e sistemática para projetos sociais, ambientais e culturais de interesse público. Incluem-se, nesse universo, as ações sociais protagonizadas por empresas, fundações e institutos de origem empresarial ou instituídos por famílias, comunidades ou indivíduos" (KISIL, 2014, p. 8) e se tornou muito comum ouvir no ambiente do Terceiro Setor, por parte das entidades sociais, um discurso como: 'Não fazemos filantropia, mas investimento social privado'. Ainda que esse discurso se encerre como específico do setor ("Terceiro Setor") e não alargado à compreensão popular.

É nesse campo que parte das ações de voluntariado mais estruturadas se assentam atualmente, a partir de projetos filantrópicos que em sua metodologia prescindem ou conclamam a participação popular em trabalho gratuito.

A solidariedade

A solidariedade é um termo que identifica a consistência das relações sociais face aos contextos externos, ora se aproximando do significado de solidez – sua derivação etimológica, ora do princípio cosmológico de unidade. Sua ascendência está na elaboração clássica das vantagens do coletivo sobre o individualismo, mediante a sorte de argumentos que tangem até o evolucionismo, no qual espécies com maior cooperação sobreviveriam mais e melhor. O vocábulo ganhou expressão "mecânica" ou "orgânica" nas reflexões suscitadas em Durkheim pós-revolução industrial, e é conclamado moralmente, ao ser registrado nas Cartas Magnas como princípio do direito entre os homens. No Brasil, ganhou cara de política pública com a feição de Ruth Cardoso. Sob a presente análise, é anterior às ações de caridade, filantropia, assistenciais ou de voluntariado, e não substitui em ação nenhum desses termos precedentes, mas sim soma-se a eles em adjetivação. Sob a percepção desse estudo, a solidariedade está como um "sentir o grupo", por empatia ou obrigação moral, determinante ou não para a realização de ações sociais.

O termo solidariedade, etimologicamente, significa "laço ou vínculo recíproco de pessoas ou coisas independentes", bem como "sentido moral que vincula o indivíduo à vida, aos interesses e às responsabilidades dum grupo social, duma nação, ou da própria humanidade, e a relação de responsabilidade entre pessoas unidas por interesses comuns, de maneira que cada elemento do grupo se sinta na obrigação moral de apoiar o(s) outro(s)" (FERREIRA, 1996, p. 1607). No dicionário Michaelis (MICHAELIS, 2002, p. 734), o verbete solidariedade aparece como: "condição grupal resultante da comunhão de atitudes e sentimentos, de modo a constituir o grupo de unidade sólida, capaz de resistir às forças exteriores e mesmo de tornar-se ainda mais firme em face da oposição vinda de fora", e já aqui é possível associar a solidariedade ao indicador de resiliência de um grupo.

O jurista Avelino (2005) a conceitua adicionando a perspectiva de facilitadora da vida em sociedade e precipitadora do respeito: "Atuar humano, de origem no sentimento de semelhança, cuja finalidade objetiva é possibilitar a vida em sociedade, mediante respeito aos terceiros, tratando-os como se familiares o fossem; e cuja finalidade subjetiva é se autorrealizar, por meio da ajuda ao próximo". (AVELINO 2005, p. 228)

Do ponto de vista emocional, Morais e Tenório (2017, p. 6) ressaltam a solidariedade significando um sentimento de compaixão pelo outro. "Para o senso comum, a solidariedade está fortemente ligada ao campo das emoções. Seria uma sensibilidade para com os menos favorecidos que leva a uma atitude de caridade."

*Em uma perspectiva histórica, a Antiguidade Clássica aponta as primeiras reflexões sobre o valor da solidariedade que emerge, ali, na contraposição entre individualismo e generalismo. O primeiro, defendido por Protágoras em sua famosa frase em que "o homem é a medida de todas as coisas, das que são o que são, e das que não são o que não são", que representa a vida em sociedade não como uma necessidade, mas uma opção do homem que – ser pensante basta por si. E o generalismo, um conjunto de argumentos contrários ao individualismo, é encontrado nas lições de Platão (*A República*) e Aristóteles (*A Política*). Na* República, *por exemplo, "Platão afirma sua predisposição para a generalidade, indicando a solidariedade como forma de assegurar uma convivência social justa e harmoniosa". (OLIVEIRA DA SILVA, 2006, p. 4)*

Durkheim (1987, apud *SELLI & GARRAFA, 2006, p. 242-243), pela ótica da sociologia do século XIX, apresenta dois tipos de solidariedade: a mecânica e a orgânica. A mecânica diz que, quando "os indivíduos vivem em sistemas econômicos marcados pela ausência de especialização, entre eles divisão do trabalho, o que os mantém unidos é a solidariedade mecânica, que, segundo o autor, caracteriza-se pelo compartilhamento de ideias comuns, costumes, crenças, hábitos". Ela se revela nos laços familiares, no ambiente religioso, dos costumes e tradições. E a orgânica que "faz com que os indivíduos, sendo interdependentes, comportem-se como um organismo" – influenciados pela ciência biológica, em que os organismos sociais "imitariam" a natureza – e se dá por meio da divisão social do trabalho. Justamente na interdependência e no reconhecimento de que todos são importantes no sistema é que está essa solidariedade. Durkheim, à semelhança de Platão e Aristóteles, também pretendeu demonstrar que o "indivíduo há de se sacrificar, em certa parcela de sua liberalidade, em nome do todo".*

A solidariedade não se esgota enquanto relação típica da sociedade civil. Ao contrário, também pode possuir um elemento político que tem como referência o Estado. A capacidade de entender essa dimensão política, que se concerne à cidadania e à possibilidade de intervir de forma ativa na definição de políticas públicas, também caracteriza essa dimensão crítica, e a dimensão política da solidariedade cruza com o conceito de cidadania, quando nos referimos à responsabilidade do indivíduo com o grupo, e então aqui se faz referência à solidariedade no contexto dos direitos e deveres. (SELLI & GARRAFA, 2006, p. 242)

Exemplificando, a Constituição da República Portuguesa 52 (aprovada em 2 de abril de 1976) estatui, em seu art. 1º, que "Portugal é uma República soberana, baseada na dignidade da pessoa humana e na vontade popular e empenhada na construção de uma sociedade livre, justa e solidária" e a Constituição Federal Brasileira de 1988 também dispõe sobre o princípio da solidariedade em seu preâmbulo. Quanto mais a solidariedade está ao cargo do Estado, mais é considerada do tipo vertical, e quanto mais diz respeito à colaboração dos cidadãos, de forma cooperativa, mais é horizontal. (NABAIS, 1999, pp. 152–153)

O termo 'solidariedade', então, situa o voluntariado no indivíduo que exerce seus direitos e deveres, em um contexto mecânico ou orgânico – a citar Durkheim – e sob uma matriz teológica-social, enlaça um propósito associacionista perante poderes institucionais.

O Preâmbulo da Lei Maior brasileira faz referência a uma "sociedade fraterna" que, de acordo com José Afonso da Silva (2005, p. 24), corresponde à "sociedade solidária" mencionada no artigo 3º, inciso I, da Magna Carta de 1988, orientando-se o sistema constitucional brasileiro, dessa forma, na direção do "solidarismo". O art. 3º da Constituição Federal estatui que são objetivos fundamentais da República Federativa do Brasil, entre outros, a construção de uma sociedade livre, justa e solidária (inciso I), a erradicação da pobreza e da marginalização e a redução das desigualdades sociais e regionais (inciso III). A "sociedade livre, justa e fraterna" contemplada no art. 1º da Constituição portuguesa, de acordo com José Joaquim Gomes Canotilho e Vital Moreira (1993, p. 59), aspira a ser uma ordem garantidora da dignidade humana do homem livre, com sua identidade e integridade espiritual e, ao mesmo tempo, uma ordem referenciada por meio de momentos de solidariedade e de corresponsabilidade entre todos os membros da comunidade. (REMEDIO, 2016, p. 258)

Conclusão

A pesquisa comparativa entre o universo do voluntariado do Brasil e de Portugal fez descortinar mais similaridades do que diferenças. Entre as investigações bibliográficas e a experiência empírica de diálogo com promotores do voluntariado nos dois territórios, as narrativas e os testemunhos trazem à tona uma origem institucional em comum, seja nos microcosmos familiares ou nos macrocosmos da ação assistencial formal, pautada por valores morais de solidariedade e de caridade, em que a matriz religiosa – católica – estabeleceu raízes muito profundas.

Qualquer que seja a via de princípios e motivações pela qual o voluntariado se insere, este emerge historicamente como uma atividade disseminadora de valores e do exercício dos dons nas sociedades. Nas palavras de Lima e Oliveira (2015), esses valores podem ser econômicos, simbólicos e morais: "a ação social é informada por valores, mas, simultaneamente, ao constituir-se também cria valor: valor econômico, ao superar as carências de quem necessita (seja de bens materiais ou imateriais centrais à sua existência cotidiana); valor simbólico, ao praticar o bem; e valor moral, ao tornar-se melhor pessoa por meio da dádiva desinteressada". (LIMA & OLIVEIRA, 2015, p. 321)

Em ambos os países, corroborando os modelos internacionais de medição de motivação para o trabalho voluntário, manifesta-se a intercessão entre o altruísmo e o trabalho. O primeiro motivando e, o outro, realizando gratuitamente as ações assistenciais, perdurando, assim, um sistema de intercâmbio de valores morais e éticos.

Nesse trabalho de relação entre Brasil e Portugal, portanto, foram identificados pontos de intercessão justificados pelo passado

colonial que ainda refletem na forma de relação entre o Estado e o privado, bem como as instituições do campo assistencial se relacionam, no assistencialismo sob o discurso paternalista e caritativo, e em quais são os valores morais predominantes. Valores esses que permanecem transladando com o fluxo histórico de pessoas e de informação entre continentes, com periodicidade e volumes cada vez maiores.

PS: Ressalva feita por Barcelos em sua tese: *"Recortar temporalmente a caridade pode ser impossível, já que ela aparece em textos sagrados milenares, tendo sua prática estimulada (ou criticada), como atributo do religioso, numa linha temporal de crenças e práticas que antecede a lógica social e institucional que decido abordar aqui, ou seja, não se abriga neste trabalho essa interpretação em que a caridade é anterior e diluída no espaço – do oriente ao ocidente – e presente no campo da espiritualidade".*[*]

* MORAIS, Bruno Barcelos. Bases comuns do voluntariado no Brasil e Portugal: entre a tutela e a emancipação. Tese (Mestrado em Estudos Brasileiros) – Faculdade de Letras e Instituto de Ciências Sociais, Universidade de Lisboa. Lisboa, p. 138. 2019. Disponível em: http://hdl.handle.net/10451/42507. Acesso em: 19 jul. 2024.

"A compaixão sincera adoça
a amargura do sofrimento."*

* São Gregório Nazianzeno (330–390), Bispo e Doutor da Igreja.

CAPÍTULO 15

BATE UM CORAÇÃO

Uma notícia que foi recebida com alívio por toda a sociedade brasileira – e eu digo toda a sociedade mesmo, não somente por aquelas famílias que precisavam de auxílio imediato para ter o básico para sobreviver – foi saber da generosidade de grandes bancos e empresas, que doaram bilhões de reais especialmente para que as organizações da sociedade civil pudessem concentrar as doações e organizar a logística, a fim de distribuí-las às pessoas em situação de vulnerabilidade. Como foi importante toda aquela ação que, inclusive, colocou as ONGs em um lugar de destaque, pois seus voluntários ocuparam, com bravura, a linha de frente e serviram como ponte entre quem tinha para doar e quem precisava da doação.

MONITOR DAS DOAÇÕES NO PERÍODO CRÍTICO DA PANDEMIA DE COVID-19

Vou citar apenas quantias doadas por algumas empresas do sistema financeiro, o setor com mais doações no período.

- Itaú – R$ 1.247.100.000
- Bradesco – R$ 13.400.000

- Bradesco e Itaú – R$ 56.666.667
- BTG Pactual – R$ 50.000.000
- Banco Safra – R$ 42.000.000
- FEBRABAN (Federação Brasileira de Bancos) – R$ 4.680.000

João Paulo Vergueiro, ex-diretor executivo da ABCR (Associação Brasileira de Captadores de Recursos) e idealizador do Monitor das Doações, explicou ao jornal Folha de S. Paulo, à época, que "numa emergência, as empresas têm mais recursos para doar rapidamente e que, por isso, o peso delas foi muito grande".

Acredito que a solidariedade nas empresas passa, obviamente, por seus dirigentes e também por um setor de Recursos Humanos forte. Conheço a história que o dirigente de uma Prefeitura da Grande São Paulo protagonizou, e que é muito interessante para ilustrar esse meu comentário. A história é sobre uma parceria importante entre o poder público e uma construtora, que acabou mudando o ambiente de uma região inteira. Quando o dirigente em questão assumiu o cargo de diretor de relações empresariais, ele iniciou uma série de visitas às empresas do município. A ideia era conhecer as necessidades delas e estabelecer formas de ajuda mútua por meio de parcerias. O diretor almejava gerar novos cursos de capacitação para que as pessoas tivessem mais chances de conseguir um emprego. Então, ele oferecia às empresas o espaço para as aulas e contava com a participação dos empresários para assumir os custos com os professores. Nesse caminho, ele visitou a diretora de RH de uma grande construtora que fica na região. O momento não poderia ser mais oportuno, pois o setor da construção civil estava com muita necessidade de mão de obra e a cidade tinha um contingente considerável de desempregados. A diretora de Recursos Humanos o surpreendeu com uma ideia ótima: formar os trabalhadores nos próprios canteiros de obras. A empresa bancou o curso e trouxe os professores, enquanto a prefeitura forneceu os alunos, o transporte e as cestas básicas. A intenção da diretora era formar profissionais que seriam absorvidos nas obras da própria construtora. Deu muito certo e a parceria foi frutuosa para ambos os lados, pois este processo criou um círculo virtuoso, já que a pessoa se capacitava profissionalmente, começava a trabalhar e não precisava mais utilizar o Fundo Social de Solidariedade do município. Além disso, este profissional capacitado começava a fazer compras no comércio local, tinha mais condições de colocar os filhos na escola etc. A vida de uma parcela dos cidadãos mudou e o ambiente socioeconômico da região se tornou melhor.

O ponto em que quero chegar é que não foram a "construtora e a prefeitura" que realizaram essa parceria de sucesso, mas as pessoas envolvidas é que promoveram tudo, com a generosidade de corações humanos que batiam forte enquanto preparavam uma mudança de vida para tanta gente.

Foi assim com as doações dos grandes bancos, das grandes empresas, dos institutos... Corações por trás daqueles CNPJs tomaram decisões baseadas em sua empatia, em suas histórias de vida, em seu olhar para quem estava sofrendo e carecia de tudo! Se havia uma estratégia de marketing por trás, naquele momento, duvido que este tenha sido o motivo principal para desembolsar grandes somas de dinheiro com destino certeiro para as populações em situação de vulnerabilidade.

Rachel Añón, sócia-fundadora da ponteAponte, consultoria em investimento social e filantropia, foi quem inspirou o nome deste capítulo. Ela defende a personalização das doações de pessoas jurídicas.

> ***"Havia corações batendo por trás de cada empresa que doou na época da pandemia e que continua doando por tantas causas, especialmente pelo combate à fome e à desigualdade. Não foi só colocar a mão no bolso e tirar aquelas quantias enormes para aliviar o peso da consciência. As pessoas que estavam ali à frente disso tudo e que tomaram a decisão de fazer as doações tinham um desafio, havia algo muito maior puxando as deliberações naquele momento. A gente despersonaliza essa solidariedade e, quando ela se institucionaliza, vira a responsabilidade social. Então, falamos de níveis e dimensões diferentes das ações, que são mais do que solidariedade. Nesse aspecto, falamos também de camadas sobrepostas, pois aquelas pessoas que tomaram as decisões não só tinham em mente a questão de serem solidárias, como também trabalhavam no nível institucional de sua responsabilidade; as duas coisas estão o tempo todo se comunicando. Havia corações e mentes fazendo isso – não era 'o banco'. Eles, nas condições que se apresentavam naquele momento, conseguiram fazer algo em prol dos que precisavam de ajuda emergencial. E o que foi feito com esses recursos é corresponsabilidade de todos nós, de toda a sociedade. Portanto, a solidariedade não é objetiva, mas subjetiva. Mesmo quando vem das empresas, nós conseguimos mensurar o máximo que dá, mas os números não podem ser duros, pois não é uma ciência exata. A métrica nos ajuda a caminhar, mas não diz tudo."***

Rachel é formada em História e Jornalismo, e tem várias especializações em matérias do Terceiro Setor. Em sua atuação, ela persegue uma meta: as transformações reais e genuínas para a filantropia e o Investimento Social Privado (ISP) brasileiro, buscando promover a aproximação entre a Academia, a filantropia e quem precisa.

Até o ano de 2023, a filantropia e o ISP movimentaram cerca de 0,2% do PIB (Produto Interno Bruto) anualmente no Brasil. A título de comparação, nos Estados Unidos, o valor chegava a 2%. Mas por que será que há essa disparidade? A explicação pode estar no incentivo do governo norte-americano para as doações de entidades privadas e pessoas físicas, o que contribuiu para estruturar as contribuições e estabelecer uma cultura de doação nos EUA.

É consenso de dez entre dez atores do Terceiro Setor brasileiro que, por aqui, a política tributária atravanca a prática, pois acaba taxando no mesmo patamar a venda de um produto e uma doação. Esta é uma situação que inibe a ação da filantropia e que, portanto, não permite que ela se robusteça e contribua, de fato, para o fortalecimento da democracia e o combate às desigualdades.

Os 12 anos atuando como repórter no jornal Folha de S. Paulo levaram Rachel Añón a conhecer a fundo a periferia de São Paulo e, nesse caminho, ela absorveu aprendizados tanto do lado de quem tem para doar quanto das iniciativas comunitárias formadas com a finalidade de conseguir transformações de vidas a partir da união da vizinhança. Essa bagagem lhe deu uma percepção clara da força das comunidades que trabalham unidas pelo bem comum. Ela fala sobre solidariedade com a temperatura de um coração apaixonado pela prática deste conceito.

"Solidariedade é um tema abundante e lindo! Eu aprendi muito na periferia. E acho que esse foi o movimento de uma relação mais próxima e mais fraterna com o outro, mesmo em momentos de desigualdade. O olhar de repórter me deu ainda outro contorno do poder das organizações sociais, de serem as guardiãs dos recursos que fazem acontecer determinadas causas. Hoje, eu trabalho muito com coletivos, não são aquelas organizações da sociedade civil com CNPJ, mas constitui uma outra forma de olhar o mundo. Quando nos unimos, eu vejo a possibilidade de transformar tudo em algo realmente bom, já que o poder da mobilização social é enorme. Muitas comunidades tradicionais se relacionam hoje em forma de coletivos. Isso porque a institucionalização atrapalha, especialmente quando você precisa fazer uma transformação muito rápida. Nem tudo precisa estar sob avaliação, métrica; às vezes, só de experimentar, já aprendemos e podemos estabelecer um padrão de atuação.

As ONGs e quem põe a mão na massa têm muito mais a ensinar para muitas empresas do que o contrário. Eu transito nesses dois mundos e percebo que é um pêndulo, e que temos que ficar atentos para perceber em qual desses movimentos vamos aprender a cada momento, a fim de chegar a um avanço.

Existem várias filantropias acontecendo no mundo. Nem todas as causas vão ter uma lógica de entrar no mercado, como a consultoria social que criei focada em qualificar o Investimento Social Privado. Algumas causas precisam acontecer por si só, não podem ter esse caráter de negócio de impacto, e dou como exemplo: o CVV. Você não vai colocar, depois de um atendimento sensível no telefone, uma propaganda de remédio nem nada do tipo para conseguir recursos financeiros. O atendimento parte da solidariedade e de você estar numa condição de escuta. Isso já é doação, já é ser solidário. Os recursos financeiros, o dinheiro, compra artefatos visíveis e necessários, claro, mas quando falamos de solidariedade, falamos de 'n' recursos que estão indo para o mundo, num movimento que só será válido se a forma com que trabalharmos esses recursos servir para que mais pessoas sejam beneficiadas."

AS DORES DO MUNDO SÃO NOSSAS

"Todos somos carentes em algum aspecto de nossa vida. Muitas vezes, nos processos de doação, estamos também lidando com algumas carências nossas, que são supridas por esse ato de generosidade. A solidariedade ameniza nossas dores também, não somente as dos outros.

Uma das minhas crenças é que não temos beneficiários nesse mundo; nós todos somos os beneficiários e temos sempre a possibilidade de uma troca em vários níveis. A doação é de um para o outro sem querer nada em troca, nada entre aspas, porque sempre estamos deixando uma vida, um grupo de pessoas ou uma sociedade inteira muito melhor a partir de cada gesto de generosidade. Nesse sentido, as dores que estão dentro da gente se movimentam e conseguimos lidar melhor com elas quando compartilhamos os recursos, dentro daquilo que cada um tem para oferecer e que cada um precisa. Não é só o dinheiro para o pobrezinho ficar melhor, não! Tem alguma coisa acontecendo dentro da gente, tem um recurso que movimenta uma economia ou movimenta outros atos de generosidade e de amor que nós mesmos estamos precisando fazer. Quando dizemos que o beneficiado somos nós mesmos é porque quando nós doamos, acabamos nos conhecendo melhor.

Por tudo isso, eu acredito que a solidariedade traz mais do que felicidade, traz autoconhecimento, mais amor, contato real com o outro. Sendo solidários, nós realmente nos aproximamos do outro, criamos uma pequena ponte, uma pequena conexão para olhar o outro do ponto de vista dele e, dessa forma, somos capazes de ver melhor o que podemos fazer com as oportunidades que a vida nos dá."

A FOME

A ponteAponte foi cocriadora do "Prêmio Pacto Contra a Fome", e Rachel fala sobre seu profundo envolvimento com o tema.

"A questão da fome me mobiliza especialmente desde quando eu soube que meu avô espanhol passou fome, de verdade, na vida. Eram 12 irmãos que não tinham o que comer. E quando eu fui visitar a cidadezinha onde meu avô nasceu, todo mundo o conhecia e me chamava para tomar um café e contar a história de escassez da família dele. Quando eu consegui fazer essa relação, pensei: Quem é o carente aqui? Quem é o outro? O outro é um pedaço da gente!

Nós cruzamos as pontes de diferentes formas e, cada vez, estamos num papel diferente.

A ponteAponte cocriou o prêmio do "Pacto contra a Fome" e acho que é um movimento que tem um grande potencial para impactar profundamente a sociedade. A relação já não é mais a de quem dá e de quem recebe, de como essas relações podem ser construídas para que não voltemos mais a ter fome no mundo, mas de um grupo que quer pensar a doação de outra forma, pensar em como nós nos corresponsabilizamos em torno de uma questão chocante como a fome.

O que precisamos saber é que as formas de doação precisam ser mais sistematizadas, precisam estar mais presentes em nossa vida. Isso é importante! Eu sinto que estamos começando a ampliar o olhar sobre a doação como parte do nosso dia a dia. Nesse escopo, percebemos que uma parcela dos nossos recursos já pode ser colocada à disposição do outro por decisão própria e de forma constante. Não é simplesmente decidir agir assim para ser bonzinho, mas é pensando no que cada um de nós está movimentando para que o mundo seja menos desigual e injusto. Eu falo de movimento, não de investimento, justamente para mostrar que a forma com que cada um gere seus recursos para uso próprio e para as causas é que contribui para fortalecer esse movimento de doação."

FILANTROPIA REGENERATIVA

"Nesse momento, a filantropia regenerativa está sendo bastante falada e acho que isso faz muito sentido, ou seja, regenerar as coisas que não estão boas e que não deram certo, a partir das comunidades, a partir de si mesmas, não do capitalismo. Nesse aspecto da filantropia, não pensamos na doação pura e simplesmente, mas em um grupo que está sendo movimentado para melhorar as coisas ao redor e, ao mesmo tempo, contribuindo igualmente para uma sociedade melhor. Não é uma tarefa fácil, mas uma possibilidade de vida. Espero que esse conceito não fique tão desgastado como nós costumamos desgastar palavras importantes."

No próximo capítulo, vamos esmiuçar os conceitos de filantropia regenerativa e conhecer alguns dados sobre o Investimento Social Privado no Brasil.

CAPÍTULO 16

GARRA, RESILIÊNCIA, EMPATIA E CONSTÂNCIA

Evoquei essas quatro virtudes, pois neste capítulo vou falar sobre a filantropia regenerativa e sobre o ISP (Investimento Social Privado). Acredito que esse conjunto de virtudes está envolvido ora em uma, ora em outra atividade. Explico: para fazer mudanças estruturais em uma comunidade de dentro para fora, é preciso ter as duas primeiras virtudes. As duas últimas são fundamentais para os protagonistas do ISP.

Conforme prometido no capítulo anterior, vamos esmiuçar esses conceitos agora.

A filantropia regenerativa constitui no cultivo do renascimento social pela busca de soluções sustentáveis e por uma abordagem inovadora das ações, a fim de obter uma transformação social frutuosa.

E quais são as sementes dessa nova forma de doação? O conceito do qual falamos nasceu da ideia fundamental de que a doação pode ser mais do que a mera mitigação de problemas, para ser uma verdadeira regeneração de todo o tecido social. A filantropia regenerativa se inspira no poder da natureza em se regenerar, promovendo a recuperação e o desenvolvimento das comunidades, e não simplesmente o alívio de problemas limitantes do avanço na qualidade de vida de seus habitantes. Os frutos são esperados a longo prazo, pois mudanças estruturantes não acontecem de uma hora para a outra.

As raízes dessa abordagem encontram-se na compreensão das interconexões complexas inerentes aos desafios sociais. Investidores sociais regenerativos mergulham profundamente na análise do momento desta ou daquela comunidade, a fim de que suas ações possam ter um impacto mais eficaz e duradouro. Dessa forma, o que se pretende é identificar não só os sintomas visíveis da vulnerabilidade das famílias, mas sim as causas subjacentes dos problemas sociais. Doações são direcionadas não apenas para aplacar o sofrimento imediato, mas para promover iniciativas que empoderem as comunidades com o tempo.

Como ninguém pode fazer nada sozinho, o principal ponto da filantropia regenerativa é a colaboração de todos e parcerias estratégicas entre doadores, organizações sem fins lucrativos e comunidades. Esses atores são incentivados a criar sinergias poderosas capazes de gerar resultados mais expressivos. A qualidade, bem como a profundidade do impacto são medidas regularmente, tal qual é feito em qualquer organização da sociedade civil. As métricas, neste caso, são ajustadas para serem capazes de medir o aumento da resiliência, autonomia e capacidade de adaptação.

Nesse caminho se busca um mundo mais justo por meio das ações que indivíduos, organizações e fundações adotam para fazer florescer as populações que necessitam de apoio.

Agora, trago a vocês trechos de um artigo do GIFE (Grupo de Institutos, Fundações e Empresas), para compreendermos a dimensão da filantropia regenerativa atualmente no Brasil.

Perguntas rumo a uma filantropia regenerativa
por Ana Biglione e Joana Mortari*

O termo "filantropia regenerativa" ganhou corpo no cenário internacional e no contexto brasileiro. Ainda que como conceito haja essa novidade, não seria a regeneração um princípio primordial da filantropia, que se propõe a cuidar de – a curar – questões socioambientais que uma sociedade carrega de seu passado?

Ainda assim, o termo ganha relevância ao percebermos que muitos de nossos esforços filantrópicos acabam por manter (e não transformar ou regenerar) os paradigmas que geram os desafios com os quais estamos lidando. Ou, ainda, ao percebermos que a maneira como as estratégias de doação são construídas são muitas vezes distantes de seus beneficiários e acabam por sustentar a visão de mundo de quem detém os recursos. Hábitos filantrópicos inconscientes são o chão que costumamos pisar e podem exacerbar as próprias condições sociais que nossas práticas desejam, a priori, *transformar.*

As práticas regenerativas, no entanto, são "baseadas em relacionamentos reflexivos, responsivos e recíprocos de interdependência". Nesse sentido, o convite da filantropia regenerativa é nos acordar para a busca de maior coerência com as intenções mais profundas da tão desejada transformação. A forma que nos relacionamos, que fazemos filantropia não é secundária, mas central. A filantropia não conseguirá alcançar a desejada transformação sem desenvolver práticas intencionais que reflitam os valores que tenta defender.

* BIGLIONE, Ana; Mortari, Joana. Perguntas rumo a uma filantropia regenerativa. GIFE. Disponível em: https://gife.org.br/perguntas-rumo-a-uma-filantropia-regenerativa/. Acesso em: 20 jul. 2024.

Algumas perguntas podem nos ajudar a refletir criticamente sobre nossas ações filantrópicas e convidá-las a uma postura mais regenerativa.

- *DINÂMICAS DE PODER | Como a voz daqueles que são os beneficiários das ações e doações tem sido escutada? Qual sua real participação e influência sobre como vêm acontecendo as práticas filantrópicas da sua iniciativa? Onde mora o poder (de decisão) no processo de doação e, também, dentro da organização doadora? Quem decide pelo que e o que isso significa, ou seja, o que se transforma ou se mantém das dinâmicas atuais de poder?*
- *QUALIDADE DAS RELAÇÕES | Como é a sua relação com a organização beneficiada ou com os beneficiários da sua doação? Todos os envolvidos estão "à vontade" nesta relação? Olhando para as dinâmicas desta relação, quando você identifica controle? E quando identifica confiança? Como essa dinâmica de controle e/ou confiança se expressa no seu processo de financiamento, prestação de contas, gestão? O que tem sido feito para manter ou mudar essas dinâmicas e cuidar das relações?*
- *OPERACIONALIDADE | Como estão estruturados os processos operacionais e de gestão da filantropia? Estão orientados em torno de como melhor apoiar beneficiários e comunidades para alcançar sua visão de mudança social e/ou para gerir e trazer respostas – e servir – ao doador e à sua visão? Como as decisões operacionais têm impactado a transformação desejada e o quão abertas estão para mudar?*
- *INTENCIONALIDADE | Ao considerar sua filantropia atual, que intenções estão presentes – para além de "ajudar" – e*

como você acompanha na prática qual finalidade elas têm realmente servido? Quais são os espaços de questionamento crítico, escuta e reflexão coletivos que têm sido criados para explorar com mais profundidade a serviço de quem – e de que – realmente estão suas ações e práticas filantrópicas?

- *PARADIGMAS SUBJACENTES | Quais princípios e crenças estão presentes e dão contorno às suas práticas filantrópicas? Identificados os princípios, estão eles mais próximos às ideias de separação/controle ou de conexão/relação? Nas práticas de doação e de gestão interna da sua organização: o que tem sido potencialmente mantido/sustentado? O que tem sido potencialmente transformado/inovado?*

Uma última reflexão: se as respostas nos parecerem óbvias, talvez seja preciso uma segunda rodada, acessando uma camada mais profunda, respondendo com mais detalhes, atenção a casos práticos, observação da própria prática, nos provocando a perceber aspectos que nem sempre são facilmente vistos ou gostamos de reconhecer.

ISP – O CENSO GIFE

O Censo GIFE* é a principal pesquisa sobre investimento social privado e filantropia no Brasil a partir das organizações associadas. O resultado do Censo 22/23 apontou que recursos investidos superaram expectativas pós-pandemia.

* GIFE. *Especial Rede GIFE:* Censo GIFE 22–23. Disponível em: https://gife.org.br/especial-redegife-censo-gife-22-23/. Acesso em: 20 jul. 2024.

Houve a superação da expectativa de volume de recursos investidos em 20% e o crescimento dos fundos independentes. Um dos principais dados é referente ao valor dos investimentos mobilizados em 2022: R$ 4,8 bilhões. O montante se equipara ao melhor ano da série histórica, 2014, quando a quantia alcançada foi de R$ 4,9 bilhões, em valores corrigidos pelo IPCA.

A coleta dos dados foi feita entre abril e maio de 2023.

"Eu diria que o resultado é positivo, visto que o volume mobilizado não retornou à média de 2015/2019, mas ficou acima", afirma Gustavo Bernardino, gerente de programas do GIFE.

Ainda assim, o principal fator apontado pelo Censo para a queda do montante de 2022 em relação a 2020 são os investimentos das empresas. Em 2020, início da pandemia, foram R$ 2,3 bilhões aportados por esse grupo; em 2022, foram R$ 985 milhões. "Esse recuo era esperado, visto que foi o perfil de investidor social que mais tinha condições para canalizar recursos à contenção da pandemia, mas que superado esse cenário, naturalmente regrediria", acrescenta Bernardino.

No que se refere ao perfil dos investidores, o Censo surpreendeu ao mostrar que os independentes são os que mais cresceram na proporção da série histórica. Só do último levantamento (2020) para o atual, o salto foi de 19 para 29 fundos independentes. Para Gustavo Bernardino, o setor vai se sofisticando ao longo do tempo e novas formas de mobilização de recursos privados para a ação pública vão surgindo.

No que diz respeito às áreas temáticas, a educação ainda é o maior foco de atuação das organizações, apontada por 71% dos respondentes. Apenas a educação foi alvo de cerca de R$ 2 bilhões, ou seja, 42% de todo o recurso mobilizado pelo ISP em 2022.

CAPÍTULO 17
NO PORTAL DE NÁRNIA

Abro espaço agora para falar da Rede Cultural Beija-Flor*, uma organização social sem fins lucrativos com uma trajetória de 30 anos, que presta atendimento gratuito a crianças, adolescentes e jovens de 6 a 18 anos, e a suas famílias, que vivem em situação de risco e vulnerabilidade social.

Ivone Silva, diretora-executiva da OSC, contou um pouco da história e dos projetos realizados na Rede Cultural Beija-Flor, localizada na região do bairro Eldorado, em Diadema, mas que também atende áreas vizinhas em São Paulo e São Bernardo do Campo. No quadro de colaboradores, a Beija-Flor conta com uma nutricionista, Regiane Alves Rodrigues, que é integrante do Conselho Municipal de Segurança Alimentar e Nutricional de Diadema (CONSEAD), o que indica uma preocupação com o nível profissional de todos que atuam por lá e o comprometimento da OSC em relação ao combate a um dos principais problemas estruturais de nossa sociedade, a fome. Cabe ao conselho acompanhar, fiscalizar e articular as políticas públicas que o município realiza na área da segurança alimentar.

* REDE CULTURAL BEIJA-FLOR. Disponível em: https://redeculturalbeijaflor.org.br/. Acesso em: 20 jul. 2024.

Ivone disse que muitos pensam que ir para uma ONG é como entrar no "Portal de Nárnia", numa referência à obra *As Crônicas de Nárnia**, escrita por C. S. Lewis no século passado. O portal criado por Lewis é um guarda-roupa mágico que liga o nosso mundo ao fabuloso mundo de Nárnia. O autor usa personagens da mitologia grega e nórdica, bem como os tradicionais contos de fadas. Sim, essa ligação pode ser feita, mas o "mundo da Beija-Flor", onde as crianças e jovens atendidos entram, não é fictício; simplesmente a metáfora é para lembrar que há uma transformação na vida deles depois que começam sua caminhada na organização. A correlação entre os efeitos do Portal de Nárnia e o atendimento em uma ONG está na acessibilidade, transformação pessoal e impacto na comunidade. Ao atravessar o portal, os personagens enveredam por um mundo totalmente novo, cheio de oportunidades, desafios e descobertas. O atendimento em uma ONG pode ser visto como um "portal" para um mundo de recursos diversos, apoio e serviços para aqueles que precisam, já que a ONG serve como uma ponte entre as necessidades da comunidade e os recursos disponíveis. A transformação pessoal dos personagens de Nárnia se dava por meio do aprendizado de lições importantes no desenvolvimento de habilidades e no crescimento individual. E nas organizações sociais não é assim também? Os beneficiários podem receber educação, assistência médica, suporte emocional... e ter como resultado seu desenvolvimento pessoal e melhoria em sua qualidade de vida.

Em Nárnia, os personagens compartilham suas experiências uns com os outros, inspirando-se mutuamente e incentivando novas

* As Crônicas de Nárnia foram escritas por C.S. Lewis entre 1949 e 1954, e foram adaptadas para rádio, televisão, teatro e cinema.

iniciativas. Aqueles que recebem apoio de uma ONG podem compartilhar suas histórias de superação, inspirando outras pessoas na comunidade a buscarem ajuda e apoio quando necessário. As adversidades são outro ponto importante nas Crônicas de Nárnia e, na grande maioria das vezes, alguns personagens se unem para enfrentar os problemas. Pessoas atendidas por uma ONG enfrentam desafios diários, e o atendimento oferecido cria uma comunidade para enfrentá-los coletivamente. Além disso, os personagens do mundo de Nárnia assumem responsabilidades ao atravessar o portal, cuidando uns dos outros e do mundo ao seu redor. O atendimento em uma ONG envolve a responsabilidade de cuidar daqueles que precisam, promovendo o bem-estar e oferecendo suporte contínuo.

Nárnia e as ONGs podem representar oportunidades de transformação, acesso a recursos e um senso comunitário de responsabilidade. Ambos ressaltam a importância de fornecer meios para superar barreiras e criar um ambiente em que o crescimento pessoal e coletivo é, de fato, possível. Isso, portanto, não é uma digressão filosófica, mas faz parte do dia a dia dessa ONG maravilhosa e de centenas de organizações espalhadas pelo Brasil.

Depois dessa explicação metafórica, vamos à realidade da comparação Nárnia/ONGs, com Ivone Silva. Ela defende que é aqui mesmo, no cotidiano, que as transformações maravilhosas vividas nas *Crônicas* devem acontecer.

"Quando você fala que trabalha em uma ONG, as pessoas acham que é algo distante, um mundo encantado, como se você abrisse o Portal de Nárnia e fosse para esse lugar chamado o 'mundo das organizações sociais'. Não! O mundo é este mesmo onde nós vivemos. É como

se as ONGs ainda não estivessem fazendo parte dessa sociedade e não tivessem a importância e relevância que têm para o desenvolvimento dessa mesma sociedade. Sim, porque o poder público infelizmente não vai dar conta sozinho de tantas demandas. No Brasil, estamos caminhando para ter uma área de sustentabilidade consolidada, por isso enfrentamos desafios constantes para buscar recursos e manter nossos projetos. Não vou dizer que nosso dia a dia esteja diante de uma bomba-relógio, mas é um tic-tac incessante para ter apoio, e nós temos que correr atrás, porque estamos lidando com vidas, são pessoas com quem assumimos um compromisso e temos que seguir adiante, tirando as barreiras da frente. Não há outra alternativa.

Acredito que as pessoas que estão doando e apoiando, as empresas, por exemplo, e grande parte da sociedade veem as organizações sociais como o público que elas atendem, ou seja, como algo que está à margem. Mas essa percepção está avançando aos poucos, estamos começando a enxergar algumas luzes com todo esse movimento de responsabilidade social das empresas, do ESG, que passa a 'obrigar', de certa forma, as parcerias com as organizações da sociedade civil. As ONGs precisam ser enxergadas como pilares sociais do mundo em que vivemos, um mundo que depende da união de todos, senão, não haverá perspectivas positivas para o futuro. Então, temos pilares na sociedade que estão incansavelmente se mantendo firmes para que possamos enxergar essas perspectivas melhores nas mais diversas áreas: educação, saúde, meio ambiente etc. As organizações têm sua força e sua importância, mas se os outros atores da sociedade não as apoiarem, elas vão se fragilizar. Se você me perguntar se é estressante conduzir uma ONG, eu diria que sim, justamente por causa da forma como somos vistos. Então, além de ser um lugar bonito no mundo – sem ser um mundo encantado – trabalhar no Terceiro Setor é estressante. Ainda temos que lutar para dizer: olha, estou fazendo esse papel porque precisa ser feito, não é porque eu não tenho o que fazer e estou aqui ocupando o meu tempo; é algo importante para nossa sobrevivência, para nosso futuro, nossos filhos, nosso planeta. É um processo constante de nos humanizarmos e de promovermos essa humanização em toda a sociedade."

UMA CAMINHADA INTENSA

"Sou de Arco Verde, cidade do sertão de Pernambuco. Estou na caminhada do Terceiro Setor desde que, aos 16 anos de idade, comecei como arte-educadora em projetos sociais ligados à dança. Vivi nesses movimentos que lidavam com jovens ex-dependentes químicos e meninas vítimas de abuso sexual, num programa social da prefeitura. Nós proporcionávamos um momento de alegria para aqueles adolescentes e jovens. Era para que eles percebessem que havia possibilidade de viver em um mundo melhor. Com 21 anos, eu vim para São Paulo. Fiquei dois anos trabalhando com formação de dança na Secretaria da Cultura de Diadema, no ABCD[*]*. Foi nesse período que conheci a Beija-Flor. Isso porque eu frequentava algumas reuniões em um prédio que ficava em frente à organização, às margens da Represa Billings. Lembro que eu ficava encantada com o som da música que vinha da instituição e com o movimento das oficinas de dança. Acabei me voluntariando para trabalhar justamente nesse campo da dança. Depois de um ano e meio como volun-*

* Região de Santo André, São Bernardo, São Caetano e Diadema, municípios de São Paulo.

tária, fui convidada para ser coordenadora cultural. Coordenei um grupo de 25 jovens voluntários que faziam um pouco de tudo para os beneficiários da ONG: dança, artes plásticas, música. O fundador, Gregory John Smith, inglês naturalizado norueguês, queria uma pessoa para unir todas as atividades culturais de forma alinhada. Aceitei e nunca enxerguei a Beija-Flor como uma obrigação, nem quando era voluntária, nem depois, como funcionária. Era algo que eu sabia que precisava estar presente e que me fazia bem. Desde que cheguei, era um obstáculo novo a cada dia, e eu enxergava as dificuldades e os problemas como desafios a serem superados. Já estou na organização há mais de 20 anos. Gregory saiu e, hoje, como diretora-executiva, sou responsável por todas as operações. Tínhamos 300 usuários, hoje estamos com três mil. Antes da pandemia de COVID-19, tínhamos cerca de 30 colaboradores, hoje, estamos com mais de cem."

Ivone Silva acredita que a solidariedade não é uma carga pesada nos ombros, mas faz parte da natureza humana.

"Penso que o ser humano deve partilhar a existência no mundo com o outro, e isso vai nos nutrindo de solidariedade A solidariedade não começa de maneira consciente; inicialmente, você sente e quer praticar, sem necessariamente ter isso claro na cabeça, sem saber que o que você está fazendo está te tornando um ser solidário. Conforme você vai amadurecendo, este tema vai ressignificando na sua vida.

Ser solidário, para mim, fala mais da gente do que do outro. Quando dividimos algo, seja material ou ajuda de outro tipo, estamos também partilhando um pouco de nós mesmos. Por isso que, quando a gente

vai se conscientizando sobre a solidariedade como um valor nosso, que queremos cultivar em nossa vida, vamos nos nutrindo mais e mais, vamos entendendo que não estamos só dividindo, mas partilhando algo de nós mesmos com o outro, com a sociedade, com o mundo.

Eu comecei a atuar na área social muito cedo, sem essa dimensão, acho que é assim com a grande maioria das pessoas. Claro que existe também o caminho de uma pessoa que pensa: eu já conquistei bastante coisa na vida e agora quero dividir com o outro.

Entretanto, preciso dizer uma coisa: muita gente confunde solidariedade com vaidade, aquela vaidade de querer ser reconhecido. O fato é que, quando você faz esse movimento de partilhar, não pode esperar gratidão. E eu vejo muito isso no meu processo na ONG. Muita gente vem se voluntariar aqui esperando receber um 'muito obrigado', uma lágrima de emoção de quem está precisando de ajuda, um abraço apertado. Sim, concordo que a pessoa pode receber tudo isso, mas não se pode pautar as ações pensando e esperando isso, principalmente porque o voluntário viveria frustrado; então, se a pessoa põe a vaidade no voluntariado, é mais para alimentar seu ego do que propriamente para contribuir com um mundo melhor."

FAZER DILATAR O CORAÇÃO DURO

"Despertar a solidariedade no outro é o grande desafio, não é nada fácil! E, mais difícil ainda, é fazê-lo perceber que a solidariedade deve fazer parte de sua filosofia de vida. Todos temos as atividades na família, no trabalho, precisamos de lazer, mas que possamos incluir o olhar aos menos favorecidos nessa lista diária de compromissos, pois cada um de nós tem um papel a desempenhar no mundo.

Na Beija-Flor, procuramos mostrar que não são só as grandes doações que ajudam, mas aquele pequeno apoio também, que é tão essencial quanto as doações de grandes empresas. A pessoa pode achar que é pouco, mas não é. Aquela doação de roupa, sapato ou um quilo de alimento é esse fomentar de algo muito grandioso que, na verdade, juntando-se às outras doações, fará com que nossas ações tenham força e impacto. Nós costumamos dizer aos nossos beneficiários que eles foram ajudados, mas que também podem multiplicar e retribuir o que receberam nos seus espaços de convivência: em casa, na vizinhança, na escola. Esse é um movimento que se retroalimenta. Então, não se trata apenas de mostrar para a pessoa que tem um poder aquisitivo maior que ela tem um dever moral de ajudar quem vive em situação de vulnerabilidade, pois todos que tiveram apoio para transformar sua vida podem retribuir algo à sociedade. Mais uma vez: não é para fazê-los se sentir gratos por obrigação, mas a gratidão do beneficiário pode ser transformada numa ação dele em prol de outra pessoa do seu meio de convívio que necessita do que ele, hoje, tem condições de doar. Nós falamos para todos os jovens capacitados da instituição que eles nunca se esqueçam de que podem fazer algo pelas pessoas que encontrarem em seu caminho. Não há uma estratégia definida, mas é primordial aproveitarmos as oportunidades que temos para fortalecer a solidariedade de diferentes formas, nesse movimento de amor, de fraternidade.

Posso dizer com alegria que, muitas vezes, conseguimos amolecer alguns corações duros. A Beija-Flor fica numa área de manancial linda e é cheia de verde para todos os lados. É muito lindo aqui. E por que eu estou dizendo isso? Porque muitos potenciais doadores que vêm nos conhecer percebem a beleza do lugar e acham que não precisamos de mais nada. Pelo contrário: para manter tudo lindo, limpo e funcionando, precisamos de muita ajuda; então, não é preciso esperar um teto caindo na cabeça das crianças para fazer algo. Portanto, além de todos os desafios, temos esse de fazer os potenciais doadores enxergarem a instituição como um lugar que necessita de recursos para a manutenção diária.

Um dia, um visitante chegou e falou exatamente isso. Então, nós levamos essa pessoa para conhecer a comunidade onde estamos. Vamos sempre com as crianças e adolescentes atendidos para suas casas, para que o potencial apoiador perceba como é bom aquela criança estar na Beija-Flor e ter a oportunidade de vir para um lugar onde ela pode se formar, aprender, ser bem cuidada; sendo que ela não estaria tão bem se não tivesse esse espaço. Quando essa pessoa chegou na casa de uma das crianças e olhou o contexto em que ela vivia, conseguiu enxergar porque temos tanto zelo em cuidar de um lugar bonito para atender nossos beneficiários. Nesse momento, o visitante de coração duro, que estava contando os minutos no relógio para ir embora, começou a chorar e disse: 'Eu não imaginava que aquele lugar lindo fosse me levar para uma realidade assim. Eu entendi a importância e a urgência em ajudar'.

Além da nossa missão e do nosso propósito, cuidamos para que as crianças e suas famílias se sintam bem nesse lugar. Nós fomentamos uma cultura de ambiente positivo. Desde a recepcionista, que atende o pai e a mãe, até todos os colaboradores e voluntários, prezamos por atender bem. Nós existimos por cada criança, cada família, então, temos que acolher todos com um sorriso no rosto, com carinho, para que se sintam respeitados.

Veja, a pessoa de coração duro da qual eu estava falando percebeu o que nós proporcionávamos aos nossos atendidos e compreendeu nossa razão de ser, pois aquela criança e aquele jovem que vivem uma vida fragilizada encontram aqui um 'portal' para um mundo novo.

Nosso papel é fazer com que eles consigam sonhar, vislumbrar o seu futuro, mesmo acordando todo dia e vendo que, em volta, as coisas não estejam tão bem. O importante é despertar neles a esperança de que, nessa caminhada, talvez eles possam dar a seus filhos o que não tiveram."

A Rede Cultural Beija-Flor investe em programas e projetos preventivos, favorecendo a estabilização de vínculos familiares, promovendo ambiente seguro e sociável para as famílias. Atualmente, a organização conta com três unidades em Diadema, cada espaço com infraestrutura específica para o desenvolvimento de diferentes atividades. A ONG tem como parceiro estratégico a Kolibri CARF, implementada pela Children At Risk Foundation (Fundação da Criança em Risco), uma fundação internacional com sede em Bergen, na Noruega, cujo objetivo é articular parcerias com empresas, escolas e pessoas físicas, a fim de viabilizar os projetos sociais realizados no Brasil pela Beija-Flor.

UM SIMPLES CAFEZINHO

Apresento agora a vocês uma amiga de longa data que trabalhou comigo na OSC Rainha da Paz, Selma Louver, diretora de comunicação, marketing e captação de recursos da Rede Beija-Flor. Ela é de uma honestidade e competência ímpares e compartilha comigo da ideia de que um pouco de muitos pode fazer uma diferença gigantesca no final das contas. Explico agora o porquê do subtítulo "Um simples cafezinho". Selma é defensora e uma grande impulsionadora das doações feitas a partir da Nota Fiscal Paulista. O doador precisa cadastrar a instituição para que o retorno da NFP vá diretamente para ela, é a chamada doação automática. Selma elucida que até uma nota fiscal com valor baixo, como a de um simples cafezinho, pode render um retorno de cerca de 200, 300 reais, isso por causa de uma turbinagem feita pelo Governo do Estado para algumas notas aleatórias.

Veja a explicação.

> ***"O programa da doação automática foi lançado há aproximadamente sete anos. Uma notinha de valor pequeno pode se transformar numa boa doação porque, pelas regras do programa, a cada 100 notas fiscais doadas automaticamente para uma organização da sociedade civil, uma delas é turbinada, ou seja, recebe incentivo. Não fosse por isso, os nove reais de um cafezinho jamais teriam tanto imposto para retornar. Deixo claro que nem todas as notas incentivadas vão valer 300 reais, mas não é bom saber que sua iniciativa de doar uma 'notinha' fiscal pode ajudar muito uma instituição? Quando eu ingressei na Rede Beija-Flor, a organização estava timidamente trabalhando com o programa da Nota Fiscal Paulista, e eu impulsionei o crescimento desse programa. Para fazer a divulgação, é preciso atuar junto a todos os atores possíveis: escolas, empresas do entorno, pessoas próximas a nós, pessoas próximas aos nossos beneficiários, vizinhos... A porta costuma se abrir mais facilmente quando você apresenta***

um programa que oferece um tipo de doação em que o doador não precisa pôr a mão no bolso. Enquanto você divulga os benefícios e a facilidade da doação a partir da nota fiscal, você também acaba apresentando a instituição para pessoas que não a conheciam e mostra igualmente que as parcerias sociais são possíveis. Sendo assim, o programa da NFP abre portas para que possamos fortalecer os vínculos com a comunidade."

PLANTAR E ESPERAR

"Acredito que o verbo que mais conjugamos no Terceiro Setor é 'esperar', porque nós plantamos e esperamos. É a agricultura do social mesmo e é desafiador esse universo. Você tem que ir regando, regando, precisa entender os momentos do mundo corporativo e os diferentes momentos das pessoas para as quais você está solicitando uma parceria, e tem que saber como agir em cada um desses momentos. Acho que todo captador de recursos deve olhar muito para o entorno da organização social, para os que estão mais próximos e que poderiam ajudar. É preciso mostrar para potenciais doadores que a ONG existe e sempre necessita de recursos para fazer o bem."

Vivemos num tempo em que as cartinhas do papai-noel dos Correios ficaram à deriva no Natal, e claro que é muito difícil conseguir contribuições sem um esforço hercúleo, muitas vezes. E é exatamente o que a Selma não se cansa de fazer. Mas do jeito certo, sem invadir espaços e sem ser perniciosa. Falo de um talento especial para estar à frente do setor de captação de recursos.

"Sou captadora de recursos há 15 anos, e esse é um setor que mexe com a solidariedade das pessoas e com dinheiro ao mesmo tempo. Eu venho do Segundo Setor, da área de responsabilidade social de uma indústria farmacêutica, que sempre teve um grande aporte voltado a trabalhos sociais, tanto internos com seus funcionários, como para fazer doações a ONGs. Dessa forma, eu vinha de um mundo mais abastado e mais propenso a doações. Foi com essa visão do outro lado, portanto, que fui trabalhar como voluntária na Associação Beneficente Comunidade de Amor Rainha da Paz. Foram sete anos no voluntariado, tempo em que comecei a pensar como poderia ajudar efetivamente a instituição. Eles disseram que precisavam de alguém na área da comunicação e eu tinha experiência nessa área também, pois fazia comunicação interna na farmacêutica e na área de responsabilidade social. Minha formação foi no serviço social, mas nunca exerci essa profissão, pois me formei quando já estava crescendo profissionalmente na indústria farmacêutica. Então, acabei unindo as duas coisas, pois trabalhava no Segundo Setor em uma área voltada ao Terceiro. Anos depois, lá estava eu totalmente imersa no mundo das OSCs.

Eu me deparei com uma realidade totalmente diferente daquela em que havia dinheiro para implementar os programas. No Terceiro Setor, você tem que trabalhar com um orçamento apertado e, muitas vezes, incerto. O ideal é que cheguemos a ter em uma organização social um orçamento para trabalhar a comunicação, o marketing, a marca, as redes sociais... Mas, hoje, nem sempre começamos dessa forma. Aliás, não raro, começamos a estruturar os projetos no meio do caminho, trocando os pneus com o carro andando. Essa é a realidade de muitas ONGs.

Atualmente, quando vamos nos inscrever para alguns prêmios, como o '100 Melhores ONGs', percebemos o quanto é importante uma organização social ter departamentos organizados, contas em dia, transparência etc. Um departamento de captação de recursos bem montado, com profissionais capacitados, faz toda a diferença. E muitas instituições não têm ou não tinham, e estão começando a correr atrás, pois é de suma importância. Foi o caso de todas as instituições pelas quais eu passei. Tive a oportunidade de implantar a área de captação na Rainha da Paz, na Casa do Pequeno Cidadão e, agora, na Beija-Flor. Comecei alguns programas do zero, mas a Beija-Flor tem uma característica diferente, já que temos um parceiro estratégico da Noruega, a Children At Risk Foundation, uma fundação que capta recursos com padrinhos recorrentes, com empresas e escolas norueguesas (as escolas Kolibris), repassando para a Beija-Flor. No entanto, em 2020, primeiro ano da pandemia de COVID-19, quando comecei nesta OSC, tivemos que estruturar uma diversificação das fontes de captação de recursos. A pandemia veio mostrar uma realidade dura para todos, os desafios se apresentaram a todos os países, e na Noruega não foi diferente. Tudo ficou fechado e as escolas não podiam mais fazer eventos para arrecadar fundos. As empresas estavam tentando sobreviver. Claro que os aportes durante a pandemia cresceram com as ações emergenciais, mas foi desafiador viver aquele momento. Nós trabalhamos em várias frentes: especialmente no assistencialismo emergencial e, também, cuidando da parte emocional das famílias. Não era só proporcionar a cesta básica, mas incentivar a participação nos cursos de empregabilidade on-line, por exemplo. Enfim, tivemos que formatar uma abordagem que pudesse fazer aquelas famílias caminharem e terem esperança no futuro."

NADA DE CHAPÉU NA MÃO

"O captador tem que saber falar várias línguas: a corporativa, a das escolas, a das comunidades etc. Além disso, precisa enxergar todos que estão em seu círculo de amizades como possíveis doadores, bem como a família dos usuários da ONG na qual ele trabalha. A mãe de uma criança ou jovem que está na Beija-Flor pode estar empregada na casa de uma família que gostaria de fazer uma doação. Por que não falar para seus patrões da instituição onde seu filho é atendido? Esta mãe pode falar dos benefícios que o filho tem na organização social e incentivar doações, pode também conversar com outras pessoas que estão pertinho dela e divulgar a instituição, ajudando, assim, a fazer crescer aquele projeto que está fazendo crescer seu próprio filho. Isso é círculo virtuoso!

Há formas e formas de pedir recursos do bem, e depende muito de onde a instituição está localizada. Já trabalhei num local onde o salário médio era alto, o que é totalmente diferente de trabalhar com captação de recursos em uma área de comunidades. O approach *tem que ser diferente.*

Com relação às empresas, hoje, a abertura é maior porque estamos no mundo do ESG (Ambiental, Social e Governança) e os investidores podem virar e falar: 'Só vamos investir em empresas que tenham ações sociais e comprovem essas ações'. Isso quer dizer que não adianta só maquiar uma ação e colocar no site, ou seja, você tem que fazer, dizer que fez e comprovar. Essa é, digamos assim, a postura correta que uma empresa deve apresentar.*

Da parte do captador de recursos, há uma postura correta

* A sigla ESG vem do inglês *Environmental, Social and Governance.*

também no mundo atual. O captador precisa esquecer aquela ideia de sentar na frente de um gerente de responsabilidade social ou de RH, por exemplo, e pedir dinheiro pura e simplesmente. Isso não funciona mais, aliás, acho que nunca funcionou muito bem. O que temos que fazer, como captadores de uma ONG, é oferecer parcerias: 'Nós temos o que vocês precisam, que são os bons projetos sociais, e vocês têm os recursos e a possibilidade de ajudar a nossa organização a transformar vidas'. O captador precisa 'estudar' a empresa para identificar em que causa ela se engajaria, oferecendo, assim, uma vivência do 'S' do ESG.

Na Beija-Flor, nós nunca tínhamos captado no Brasil de forma consistente, pois o dinheiro vinha de fora. Hoje, os recursos da Noruega continuam sendo nossa principal fonte, mas não é mais como antes, e precisamos muito dos recursos que conseguimos aqui também, por isso estamos fazendo todo um trabalho de mostrar os benefícios que a instituição oferece, levando em conta que temos um braço estratégico importante na Noruega. Então, vamos procurar pessoas solidárias tendo as seguintes perguntas em mente: quais são as empresas norueguesas que estão no Brasil? E quais são as nórdicas? E a história que o captador deve contar para seu interlocutor tem que ser verdadeira e consistente, além de estrategicamente definida, porque todo o captador tem pouco tempo para expor seus argumentos. Não adianta escrever um livro para o gerente de RH, pois ele não vai ler. A objetividade é ferramenta de valor nesse caso. As empresas, muitas vezes, têm que reforçar seu endomarketing e nós temos mentorias corporativas a oferecer. Um funcionário pode vir à Beija-Flor falar para nossos jovens sobre sua carreira na empresa, seus estudos e como ele está crescendo em sua profissão. Esse voluntário que vem palestrar pode ser um exemplo a ser seguido por nossos beneficiários. Sendo assim, o que nós estamos oferecendo é uma troca. Não estamos chegando com o chapéu na mão, mas suscitando um investimento social: pode ser a adoção de um projeto específico de educação, uma mentoria corporativa, um trabalho de arrecadação com os funcionários, um apadrinhamento recorrente.

Importante também é a forma como a ONG trata a empresa depois da ajuda, como presta contas, mostrando o que foi feito, o que entrou e o que saiu, que houve auditoria e que o resultado foi positivo.

No mais, é tratar todos os doadores, desde o que doa 10 reais como o que doa uma quantia vultosa, com muita gratidão. Sou católica e nesse mundo do Terceiro Setor sempre me lembro da passagem da viúva que doou o pouco que tinha para sobreviver e foi elogiada por Jesus. Mesmo quem doa pouco ajuda a transformar vidas, porque o pouquinho de cada um pode fazer grandes coisas. Gosto muito de apresentar aos doadores o que a organização fez a partir do 'sim' deles. Aí, eu digo: escuta essa 'mensagenzinha' de três segundos da nossa bailarina, do nosso dançarino de break, olha que legal o espetáculo 'Tesouros da África' que eles apresentaram na Unifesp. Tudo isso é importante!"

A SOLIDARIEDADE EXISTE!

"As pessoas não têm tempo, não te ouvem como você gostaria, então, você tem que despertar a curiosidade nelas falando algo que elas precisam ouvir e que seja interessante para elas também. Nosso dever é fomentar a cultura de doação. E quando as organizações do Terceiro Setor se ajudam mutuamente, compartilham seus conhecimentos, a solidariedade vai se espalhando.

Ao longo desse tempo como captadora, conheci muitos doadores que foram indicando outros. Às vezes, você tem uma lista com o nome de cem potenciais doadores e apenas 10% se tornam doadores recorrentes. Mas você não pode se esquecer dos outros 90%, porque aquelas pessoas poderiam estar em um momento não muito propício quando você falou com elas pela primeira vez. É nosso papel também despertar a solidariedade nas pessoas a ponto de, depois de uma abordagem, ela se perguntar: 'Por que eu não sou solidário?'

Eu tenho uma agenda com seis mil contatos. São pessoas pela vida das quais eu passei em algum momento por cerca de 10 minutos, e eu nunca as esqueço.Vira e mexe eu estou lá revendo a lista e perguntando: será que hoje é um bom dia para falar com ela? Pode ser que muitos nem respondam, mas temos que esperar sempre a surpresa de uma pessoa que vai atender uma ligação ou responder a uma mensagem depois de um ano, dizendo: 'Desculpa, eu não estava num bom momento, quero entender melhor a necessidade da sua organização'. Então, não podemos desistir nunca das pessoas que impactamos de alguma forma e que aceitaram dar o contato delas.

Todo o trabalho e as parcerias que fazemos com o Sebrae, Senac, Senai, com empresas, escolas e apresentando editais no Poder Legislativo precisam de muita gente solidária, e elas estão por aí, acreditem!

Nossa parte é acreditar que a solidariedade daquela pessoa com quem estamos falando pode se tornar muito representativa para alguma história de vida.

Gente, a solidariedade existe!"

CAPÍTULO 18

UM CORAÇÃO QUE PULSA NA SINTONIA DO PRÓXIMO

Costumam dizer que a doação de sangue é um dos maiores atos de amor. E é verdade. Com este capítulo, quero reforçar que a conscientização sobre esse assunto, de fato, salva vidas. Pode parecer um ato simples, mas é típico de almas nobres que têm coragem, mas especialmente, que têm um coração que pulsa em sintonia com o outro. Uma só doação tem o potencial de salvar quatro vidas. Isso mesmo, uma doação de sangue salva até quatro vidas!

Isso é possível, pois o sangue é fracionado em hemácias, plaquetas, plasma fresco congelado e crioprecipitado. Dessa forma, quatro pessoas são beneficiadas de acordo com a necessidade de cada uma. O processo de doação dura em torno de uma hora e é feito por profissionais capacitados.

O problema é que entra ano, sai ano, a notícia é a mesma: hemocentros com estoques em estado crítico. Em 2022, houve uma queda histórica na doação de sangue, uma crise mundial sem precedentes.

A Fundação Pró-Sangue é uma instituição pública ligada à Secretaria da Saúde do Estado de São Paulo e ao Hospital das Clínicas da Faculdade de Medicina da USP. Hemocentro de atuação estadual, conta com seis postos fixos de coleta para doação de sangue na Região Metropolitana de São Paulo. As coletas realizadas pela instituição são voltadas para o suporte hemoterápico aos hospitais do SUS, abastecendo cerca de 80 instituições de saúde da região. Já virou rotina das mais tristes dizer que a coleta de sangue não tem sido suficiente para recompor as reservas de hemocomponentes, que sempre estão em nível bem crítico. Em fevereiro de 2024, o estoque da Fundação Pró-Sangue operava com 27% de sua capacidade. Veja a tabela que retrata esse período.

O risco de desabastecimento de sangue ronda sempre os hemocentros espalhados pelo país. Achei bastante oportuna a iniciativa da Fundação Pró-Sangue em criar o Clube Irmãos de Sangue, lançado em 25 de novembro de 1998, Dia Nacional do Doador Voluntário de Sangue, para homenagear os doadores voluntários. De lá para cá, os resultados têm sido razoáveis. A ideia nasceu da vontade de reconhecer e demonstrar o orgulho, a admiração e a gratidão que o hemocentro tem por essas pessoas que fizeram da solidariedade sua profissão de fé. Hoje o Clube já conta com mais de 12.000 associados. Para se tornar um membro, os doadores devem ter feito no mínimo 10 doações voluntárias na Pró-Sangue.

Trago aqui algumas informações importantes e que podem inspirar o surgimento de novos doadores.

QUEM PODE DOAR?

- O doador deve ter entre 16 e 67 anos (se for menor de 18, pode doar se tiver uma autorização dos pais/responsáveis).
- Pesar mais do que 50 quilos.
- Estar em boas condições de saúde.
- Ter dormido e se alimentado bem nas horas que antecederem a doação.

O QUE PODE ME IMPEDIR DE DOAR SANGUE?

Algumas situações podem impedir a doação temporariamente: resfriado, gravidez, amamentação, ingestão de bebida alcoólica nas 12 horas que antecedem a doação, tatuagem e/ou piercing (piercing em cavidade oral ou região genital); e situações de risco a doenças sexualmente transmissíveis, ambos nos últimos 12 meses.

No entanto, algumas doenças e práticas podem impedir a doação por toda a vida: hepatites, AIDS, malária e uso de drogas injetáveis.

COMO O CORPO REAGE À DOAÇÃO?

A saúde não é prejudicada com a doação de sangue; pelo contrário, o nosso corpo recompõe rapidamente o sangue retirado. Dentro de 24 horas, o plasma é reposto e, em quatro semanas, nossos glóbulos vermelhos já voltam ao normal.

Todo esse processo é rápido porque a quantidade doada representa apenas 10% do volume de sangue em circulação em nosso corpo. Essa quantidade é de, no mínimo, 400 ml e, no máximo, 450 ml.

O que o nosso corpo precisa é de um tempo entre uma doação e outra. Os homens podem doar a cada 60 dias e as mulheres, 90 dias.

COMO ESTÁ A DOAÇÃO DE SANGUE NO BRASIL?

De acordo com o Ministério da Saúde, 1,8% da população brasileira doa sangue. O recomendado pela Organização Mundial da Saúde seria de 3%. Importante frisar que o desabastecimento de sangue compromete as chances de salvar vidas.

Agora, uma história para você se inspirar a ser um doador de sangue.

O HOMEM QUE SALVOU 2,4 MILHÕES DE PESSOAS EM 63 ANOS DOANDO SANGUE*

James Harrison se tornou conhecido como "o homem do braço de ouro" – e uma das vidas salvas por ele foi a do próprio neto.

Ele tem 86 anos de idade e, ao longo de 63 deles, ajudou a salvar a vida de cerca de 2,4 milhões de pessoas ao realizar, com

* ALETEIA. O homem que salvou 24 milhões de pessoas em 63 anos doando sangue. Aleteia, 25 jul. 2023. Disponível em: https://pt.aleteia.org/2023/07/25/o-homem-que-salvou-24-milhoes-de-pessoas-em-63-anos-doando-sangue. Acesso em: 19 ago. 2024.

determinação e constância, um gesto tão simples quanto nobre: doar sangue.

O australiano James Harrison é hoje um avô que leva uma vida muito semelhante à de milhões de outros homens de sua idade. Ele gosta de brincar com os netos e sair para dar passeios pelas redondezas – além de colecionar selos postais.

Mas há algo que o caracteriza e distingue da maioria das pessoas: James tem no próprio sangue um tesouro excepcional, que são anticorpos raros capazes de ajudar as gestantes em risco de seroconversão grave. Trata-se de um quadro relacionado com o fator Rh do sangue: se o sangue da mãe é Rh- e o do bebê é Rh+, existe um risco de que, nos piores casos, a incompatibilidade de tipos sanguíneos provoque abortos espontâneos ou cause lesões cerebrais graves no bebê.

Mas como foi que James descobriu que trazia em seu corpo uma esperança para tantas mães e crianças?

Em 1951, quando ele tinha 14 anos, precisou extrair um pulmão e recebeu 13 bolsas de sangue de doadores desconhecidos. Essa generosidade salvou a sua vida.

“Eu disse para mim mesmo que, assim que tivesse idade, me tornaria doador de sangue”.

Bastaram dois dias após completar 18 anos para que James cumprisse a promessa que tinha feito a si próprio. E pouco tempo depois de começar a doar, os médicos descobriram essa característica extraordinária do seu sangue: o anticorpo anti-D, que tinha o potencial de prevenir a doença hemolítica dos recém-nascidos.

Em entrevista à BBC, Harrison disse: “Eles usavam o plasma do sangue que eu doava e já o levavam a laboratórios para produzir injeções de Anti-D". E em uma entrevista ao portal Today.com, James Harrison declarou: "Conheci algumas mães e elas me agradeceram por isso."

Em 2011, o "homem do braço de ouro" teve seu nome incluído no *Guinness Book*, o livro dos recordes, ao doar sangue pela milésima vez.

Em 11 de maio de 2018, ele fez a sua doação número 1.173 – a última, porque tinha chegado aos 81 anos de idade, que é o limite imposto pelas autoridades da Austrália para que uma pessoa possa doar sangue no país. "Eu continuaria doando, se me deixassem", afirmou ele na ocasião.

Tendo começado aos 18 anos, James Harrison doou sangue ao longo de 63 anos e veio a salvar a vida de um total estimado em 2,4 milhões de bebês.

Um deles foi seu próprio neto, Scott!

"Minha própria filha foi uma das que receberam as injeções feitas a partir do meu sangue. O filho dela, meu neto, já está com 23 anos. Isso me deixa muito feliz, porque pude ter um neto saudável e ajudar outras pessoas a terem também."

Se com esta história cheia de amor e solidariedade eu conseguir tocar o coração de uma pessoa para se tornar uma doadora de sangue, já vou ficar muito feliz!

*"Love is in the air."**

* Paul Young.

CAPÍTULO 19
A SOLIDARIEDADE BUZINA À SUA PORTA

O título deste capítulo foi inspirado em um artigo que li na página de Marcio Zeppelini, presidente da Rede Filantropia, uma plataforma de disseminação de conhecimento técnico para o Terceiro Setor. O foco do empreendedor social, portanto, está em fortalecer a atuação das organizações da sociedade civil, oferecendo capacitação e informação para que as transformações de vidas não sejam uma utopia, mas um fato. Há mais de 20 anos nessa caminhada, ele começou o ano de 2024 provocando: ***"Não é 2024 que tem que ser diferente. É você!"***.

Bem, mas no artigo, que citava uma história da internet, Zeppa, como é conhecido, falava que não adianta nada buzinar diante de um problema, é preciso ajudar a resolvê-lo. Como? Agindo! Aqui vai um trecho: ***"Então, da próxima vez que você observar um problema, por favor, não buzine. Isso realmente não ajuda e normalmente frustra aqueles que estão tentando consertar a situação. E isso vale em qualquer lugar: no trânsito, no seu trabalho, com seu marido/esposa, com seus filhos, amigos etc"***.

Muito pragmático, ele é adepto de uma ideia que, em um primeiro momento, é desconcertante; mas acompanhe.

> ***"O que eu vou dizer é polêmico. Eu não acredito em altruísmo, ou seja, que a pessoa faça uma ação pelo outro sem querer receber algo em troca. Aí o pessoal vai falar: 'olha o cara é CEO da Rede Filantropia e fala uma coisa dessas? Ele trabalha com doadores, doações, voluntários, e fala que ninguém faz nada sem querer algo em troca?'***
>
> ***Eu acredito nisso pelo seguinte: se um voluntário não se sentir reconhecido pela importância do trabalho dele, ele para de fazer o trabalho. E um doador de qualquer quantia que seja – 5 reais, mil ou um milhão – se ele não vir um sorriso no rosto de quem recebeu ou receber de volta um 'muito obrigado' e um gesto de gratidão, e não receber em especial uma informação, quer seja visual ou falada, dando conta de que aquele valor ajudou de alguma forma a alguém, ele para de doar. Então, as pessoas sempre querem algo em troca.***
>
> ***Quer ver mais exemplos? Quando damos 'bom dia' para alguém, o mínimo que queremos de volta é um sorriso, um outro 'bom dia' ou um abraço.***
>
> ***Isso está na base dos relacionamentos. Então, quando se fala que a solidariedade deve começar por uma atitude própria, uma atitude de fazer acontecer, a primeira coisa é pensar o porquê de estar entrando nessa seara da solidariedade, qual é o motivo, ou uma palavra melhor ainda, qual é a motivação – motivo para a ação – que me faz ser solidário?***
>
> ***Por que eu tomo aquela atitude de abrir o vidro do meu carro para dar uma esmola, de montar uma cesta básica para minha faxineira, de fazer uma ação grandiosa ou doar um dia de trabalho***

voluntário? Enfim, não importa qual seja a ação, primeiro eu preciso olhar para dentro de mim mesmo e perguntar: por que eu vou fazer isso? Porque o outro falou que é bonito, porque o outro falou que eu tenho que fazer, porque o outro fez e eu também quero ser bonzinho?

Eu acho que isso seria piegas, pois o motivo para fazer algo de bom pelo outro tem que vir de dentro da gente. Se eu faço alguma coisa por alguém ou por alguma causa, eu tenho que sentir que aquilo é importante para mim e para o mundo, para tornar melhor o mundo em que eu vivo e que vou deixar para os meus filhos, netos... Tem que ser algo maior do que simplesmente uma doação que para por ali, mas algo que vai transformar a vida de alguém, que vai impactar uma situação e melhorá-la.

Então, repito. A primeira pergunta que o filantropo tem que se fazer é: o que motiva meu coração, minha alma, para que eu decida fazer essa ação solidária?

O incentivo inicial para que a pessoa aja pode até vir de fora, por um testemunho de alguém, mas não pode ser o motivo principal. A pessoa tem que pensar no assunto, deve querer impactar positivamente o mundo, aí sim, ela encontra uma razão maior dentro dela mesma para fazer filantropia."

ENSAIO SOBRE A DÁDIVA

O que Zeppa falou tem a ver com a Teoria da Dádiva, que está fundada no tripé: dar, receber e retribuir. Em 1925, o autor da teoria, o sociólogo e antropólogo francês Marcel Mauss, apresentou um estudo do fenômeno da dádiva entre os indígenas das Trobriand (Nova Guiné) e os índios da América do Norte. Segundo Mauss, cada uma das ações de dar, receber e retribuir cria laços e vínculos entre os atores da relação. Ao doar ou dar um objeto, por exemplo, o doador cria uma obrigação em face ao receptor, que fica de lhe devolver o presente (retribuir). Esses vínculos e doações recíprocas estabelecem relações de alianças, hospitalidade, proteção e assistência mútua e vão além de laços individuais, mas se configuram, principalmente, como obrigações e reciprocidades coletivas.

EXISTE VIDA SEM SOLIDARIEDADE?

"Eu acho que dá para viver sem solidariedade, mas a vida do 'cara' vai ser muito chata! Essa é a coisa mais certa do mundo. A vida do 'cara' será muito chata se ele não se der a oportunidade de se doar, de fazer o bem, de pensar nas pessoas que estão necessitando de algo, longe ou perto dele. Isso porque a primeira pessoa que ganha numa doação é o próprio doador.

Eu falo nas minhas palestras que a pessoa não precisa pedir doação, ela precisa dizer para o potencial doador que ela vai dar a ele a oportunidade de participar de um projeto que impacta pessoas. É preciso deixar claro que, se ele fizer uma doação ou um trabalho voluntário, poderá fazer a diferença no mundo assim como você mesmo está fazendo à frente daquele projeto. Então, olha como é inversa a lógica do mundo da filantropia: em vez de pedir alto, você está dando à pessoa a oportunidade de se juntar a você para mudar o mundo para melhor!

Enfim, é muito legal ser solidário e cultivar a cultura da solidariedade, da autodoação. E volta tudo para o próprio filantropo. Quando você dá alegria, amor, isso volta para você; se você não dá, não vai voltar e você vai viver uma vida sem amor. Que triste."

A REDE FILANTROPIA – O QUE MOTIVOU A AÇÃO

"Em 1997, ocorreu uma tragédia com um amigo. A filha dele, de cinco anos de idade, faleceu num acidente na piscina. Eu havia brincado com ela uma semana antes, e isso mexeu demais comigo. Depois de um bom tempo de luto, o pai dela me pediu para ajudá-lo a encontrar uma organização para ele se tornar um doador e gastar o dinheiro, o tempo, o amor que ele gastava com a filha nessa instituição. Então, nós começamos a fazer algumas ações de festas de Natal e de Páscoa com algumas organizações bastante carentes na periferia de São Paulo. Isso aconteceu até 2001. Nas ONGs, muitas vezes eu entrava em algumas questões administrativas, pela diretoria, e sempre percebia que não havia profissionalização na gestão. Eu achava que tudo era feito sem planejamento, de forma muito bagunçada; uma hora tinha dinheiro, outra hora não tinha, e isso era um problema para aquelas crianças assistidas, pois a organização poderia não ter longevidade. Eu era voluntário, mas tinha uma visão de empresário voltada ao Terceiro Setor. Assim como uma empresa, as ONGs precisam desenvolver práticas e processos que as ajudem a ter agilidade para mudar os planos quando é necessário. É preciso ter atenção no dia a dia, mas também voltada ao futuro; em outras palavras, é crucial pensar na sustentabilidade da organização.

Então, o que me motivou a começar a Rede Filantropia foi exatamente tentar levar ferramentas de administração melhores para as ONGs. Como sempre estive no mercado editorial, criei primeiro uma revista com conteúdo voltado à profissionalização da gestão das organizações da sociedade civil. Depois desse primeiro passo, começaram os eventos, outras publicações, consultorias... E, ao longo desses 22 anos, fomos inventando bastante coisa."

AMOR E DINHEIRO

"Vivemos de amor, sim, mas o amor tem que fazer aquecer o coração de doadores para doar os recursos necessários a alguma causa. Filantropia significa 'amor à humanidade' – filos + antropos. *Então, se você não tem amor à humanidade, você quer que a humanidade se exploda e nem liga para os problemas sociais que existem no mundo. Mas se você é um filantropo na essência, então você vai querer ajudar o próximo e resolver o problema dele, seja fome, analfabetismo, doença, um mal, a pobreza. A filantropia parte do amor à humanidade, esse é o motivo da ação de fazer alguma coisa pelo próximo.*

Partindo desse princípio, a filantropia é, sim, essencial para resolvermos as mazelas do mundo, inclusive provocando o poder público, o empresariado, mostrando ao capitalista mais radical que o dinheiro dele pode fazer a diferença. A gente pode incitar a doação, dizendo: se você não quiser pôr a mão na massa, pelo menos contribua com sua fortuna que nós vamos fazer acontecer. É o amor à humanidade que vai fazer movimentar todo esse cenário, seja na esfera pública, na privada ou no coletivo humano. A força das pessoas físicas que se unem em um CNPJ, que formam um coletivo, é imensa para mudar para melhor a vida das pessoas que têm alguma situação de vulnerabilidade. Aliás, gosto de deixar claro que 100% da humanidade tem algum tipo de vulnerabilidade e precisa de algum tipo de ajuda. Talvez eu nunca tenha passado fome, graças a Deus, mas posso ter outros tipos de necessidades: talvez seja algo no campo psicológico, de mentoria profissional, de ajuda para desenvolver alguma habilidade; enfim, para todo mundo sempre falta alguma coisa. Então, é nesse *momento que o Terceiro Setor é extremamente importante. Lógico que se você for pegar uma pirâmide de Maslow,[*] quando falamos em filantropia propriamente dita, olhamos primeiro para quem está na base da pirâmide: pessoas que têm necessidades fisiológicas, fome, frio, problemas de saúde extremos. Então, a base da filantropia está, e deve estar, na base dessa pirâmide."*

Sobre a questão de como o dinheiro se envolve nisso, nós vivemos num mundo capitalista em que o capital de troca é a moeda. Uma ONG precisa de dinheiro para cumprir sua missão e tem que ser bem administrada, sempre tendo a receita maior que a despesa. Então, uma entidade sem fins lucrativos é uma falácia, porque não tem como uma organização não ter lucro. Lucro é uma palavra do mundo corporativo, mas é a mesma coisa que superavit*, resultado positivo; dê o nome que você quiser, mas o que precisa acontecer em qualquer instituição de qualquer setor – e até numa família – é uma receita maior que a despesa, senão vai ficar desbalanceada e quebrar. Uma ONG precisa receber mais dinheiro do que gasta, ponto! A diferença entre receita e despesa pode-se chamar de sobra, reserva, não importa, mas a grande verdade é que é o 'lucro do negócio' e a questão é o que fazer com ele. Numa empresa, você distribui e bota no bolso dos sócios. Numa organização da sociedade civil, você pega aquela sobra e reinveste na causa. Não se pode ter essa coisa piegas de que 'aqui nós vivemos de amor'. Não existe isso.*

Agora, eu faço uma reflexão. Pode ser que o amor seja o grande ingrediente para aquela organização se sustentar ao longo dos

* O psicólogo Abraham Maslow definiu cinco categorias de necessidades humanas na seguinte ordem: fisiológicas, de segurança, sociais, de autoestima e de realização pessoal.

anos, pode ser que o amor é que faça aquecer o coração dos doadores, a ponto de darem o dinheiro para pagar funcionários, aluguel, luz, água, telefone... Mas a administração tem que ser eficaz para gerar receita financeira."

DEPENDEMOS UNS DOS OUTROS

"Você não consegue fazer acontecer sozinho! Em todo lugar, em qualquer projeto, sempre dependemos uns dos outros.

No relacionamento entre duas ou mais pessoas, uma coisa fundamental é saber que não fazemos relacionamentos com empresas ou CNPJs, mas o fazemos com seres humanos. Então, se eu tenho um cliente na minha empresa, eu tenho um relacionamento com o dono da empresa, com o diretor, com o chefe de compras. Quanto mais interlocutores eu tiver dentro dessa empresa à qual eu estou oferecendo uma parceria, mais chances eu tenho de me manter ali dentro por mais tempo. Quantas vezes acontece de uma ONG conseguir entrar em uma empresa, ser bem recebida por uma pessoa apenas, sendo que um monte de outras não quer colaborar com ação nenhuma daquela ONG? Se a pessoa sai da empresa, fatalmente, a ONG vai sair junto.

Então, de novo, o importante é ter relacionamento com pessoas e não com empresas, com pessoas que estão ali com o poder de assinar um cheque ou um contrato. E no relacionamento existe o reconhecimento – a junção do reconhecer o que o outro tem e o que você pode oferecer a ele em troca disso: é a junção de uma segurança no relacionamento com um conforto. Por exemplo, numa parceria entre uma ONG e uma empresa ou uma ONG e uma prefeitura, a partir do momento que um não se sentir mais seguro e confortável, uma dessas partes vai romper esse relacionamento. E o que é a segurança e o con-

forto para a outra parte, para uma empresa que está fazendo uma doação? É saber que aquele dinheiro que ela está colocando ali está realmente sendo utilizado para ter um impacto social, para aquilo que estava escrito no projeto quando ela aceitou fazer a doação. E as ONGs, muitas vezes, acham que a prestação de contas é aquele papel cheio de números que o contador dá e é repassado ao doador, achando que está tudo certo. Não é só isso que tem que ser feito.

Na verdade, o doador, em especial o doador pequeno, não está preocupado com um monte de números, mas ele quer saber o seguinte: 'eu recebi uma ligação dizendo que havia uma campanha para a construção de uma quadra poliesportiva da ONG, eu doei 100 reais e até hoje não vi nenhuma foto, nenhum vídeo das crianças brincando na quadra'. O doador não quer saber quanto foi pago no cimento, na bola etc., ele quer saber se o objetivo foi cumprido, e isto é prestação de contas".

UMA HISTÓRIA MARCANTE

"Ao longo de mais de 20 anos na Rede Filantropia, conheci e apoiei de alguma forma projetos maravilhosos. Um deles, entre muitos outros, mora no meu coração pelo impacto causado. É a Casa Durval Paiva, instalada em Natal (RN). Eu dei consultoria para o presidente, Rilder de Paiva Campos, que virou um grande amigo. Depois que ele faleceu, a esposa dele, Daniella, ficou à frente da instituição. O filho deles, Fernando Campos, teve um câncer no olho e eles foram fazer o tratamento nos EUA, pois tinham condições para tanto. Isso aconteceu nos anos 1980 e eles tiveram todo apoio, sendo atendidos em locais financiados, muitas vezes, pelo Instituto Ronald McDonald. Muito provavelmente, o Fernando teria morrido se continuasse no Brasil. Graças a esse tratamento, ele sobreviveu, mas se tornou deficiente visual. Até

como forma de gratidão pela vida do filho, eles resolveram montar uma Casa de Apoio a crianças com câncer, que é uma referência de administração, transparência, um exemplo para o Terceiro Setor. Essa organização é uma das que eu mais admiro."

UMA HISTÓRIA SABOROSA

Vou terminar este capítulo com uma história saborosa da página de Zeppa na internet.

— Quanto custa um banana split? — perguntou um menino de uns dez anos a uma garçonete.

— 28 reais — respondeu ela.

— E o sundae?

— 20 reais.

O menino puxou umas moedas do bolso e começou a contá-las.

— Hum... E quanto custa um sorvete mais simples? - perguntou.

— 15! — respondeu ela, já nitidamente sem paciência.

— Então vou querer o simples.

Tomou o sorvete, pagou a conta de 15 reais e se foi. Só então a garçonete viu que, ao lado do prato, o menino havia deixado uma gorjeta de cinco reais para ela. Ou seja: o menino só não pediu o sundae para sobrar para a gorjeta!

Arrematando tudo o que foi trazido neste capítulo, devo dizer que acredito que as ideias claras trazidas por Marcio Zeppelini não invalidam a atitude de sermos bons e generosos para com todos, sobretudo com os mais necessitados e sofridos, ou seja, com aqueles que não poderão retribuir o bem que fizermos para eles.

"As pessoas que espalham amor não têm tempo nem disposição para jogar pedras."*

* Santa Dulce dos Pobres.

CAPÍTULO 20
HUMANIZAÇÃO

Ao longo do livro, foram várias as oportunidades de falarmos sobre os relacionamentos, e relacionamentos que são feitos entre pessoas e não entre empresas, governos e ONGs. Nossos entrevistados também foram claros em dizer que as doações não são de empresas, mas das pessoas que, naquele momento, estavam à frente dos projetos sociais, da área de sustentabilidade, do RH, ou que comandavam aquelas empresas e tiveram empatia por esta ou aquela causa. Na pandemia, nem se fale! Todos deram as mãos para fazer chegar o básico a quem precisava. Aliás, se não fosse o ser humano, não haveria IA também, certo?

Afinal, não somos um pedaço de matéria pensante, mas temos uma alma!

Neste capítulo, falaremos mais especificamente sobre a humanização das ações de solidariedade que, muitas vezes, são rotuladas com o nome das empresas, mas são feitas por mãos humanas.

O jornalista Ricardo Voltolini, que é consultor Master ESG e foi um dos consultores pioneiros em sustentabilidade empresarial do Brasil, vai nos conduzir nesta jornada. No seu guarda-chuva de atuação estão, além da consultoria, educação e gestão de conhecimento em sustentabilidade, ética, diversidade, governança corporativa, responsabilidade social e investimento social privado. ***"Eu trabalho para fazer com que empresas pensem e façam negócios de um jeito mais ético, transparente, responsável, íntegro, com respeito ao outro e cuidado com o meio ambiente. Meu propósito é disseminar a cultura de sustentabilidade empresarial e de liderança com valores, no Brasil e no mundo"***, afirma Voltolini.

Em 2023, aconteceu um encontro muito especial e histórico para a agenda ESG do país: "CEO com Propósito", evento da Plataforma Liderança com Valores, do portal Ideia Sustentável, ambos cofundados por Ricardo Voltolini, que escreveu o livro *Vamos Falar de ESG?*

No encontro, os CEOs colocaram na mesa propósitos, valores e humanização das empresas comandadas por eles. ***"Dez líderes falaram sobre a importância da liderança sustentável, dimensionaram a extensão do seu impacto e contaram histórias de como estão transformando suas organizações em empresas melhores para o mundo. Na pauta de temas: ativismo de causa, inovação, humanização, resiliência, ética, transparência,*** **walk the talk,*** ***empatia, inclusão, colaboração, coragem, vulnerabilidade e valores"***, escreveu o jornalista em sua reportagem sobre o evento.**

A menina dos olhos de Voltolini é a formação de líderes, para que implementem, difundam e façam prosperar ações voltadas à sustentabilidade, às mudanças climáticas, às certificações ambientais e aos relatórios de sustentabilidade.

---

* *Walk the talk* descreve o líder que, por meio do bom exemplo, é capaz de inspirar sua equipe e alinhar a cultura da empresa.

** PROJETO DRAFT. Em encontro histórico para a agenda ESG do país, CEOs colocam na mesa propósito, valores e humanização. Projeto Draft, 4 dez. 2023. Disponível em: https://netzero.projetodraft.com/em-encontro-historico-paraa-agenda-esg-do-pais-ceos-colocam-na-mesa-proposito-valores-e-humanizacao/. Acesso em: 19 ago. 2024.

SOLIDARIEDADE E SUSTENTABILIDADE

"O que tem a ver solidariedade com sustentabilidade? É uma boa reflexão. Não dá para falar de sustentabilidade sem falar de solidariedade nem sem falar de empatia. Na origem, pensar de modo sustentável significa entender que não estamos sozinhos, que nós não somos uma ilha; então, significa reconhecer uma interdependência entre o humano, o sistema econômico e o sistema ambiental. Podemos dizer que, no caso do humano com o ambiental, significa uma reconexão; já no caso do econômico, é preciso entender que a economia hoje não é uma entidade solta no ar, fluida, que tem uma lógica independente das pessoas e do meio ambiente. Este talvez seja o primeiro reconhecimento conceitual importante para termos em mente.

Quando falo sobre um mundo sustentável, não falo absolutamente de um mundo dividido em caixinhas, cartesiano, mas sistêmico; e até mais do que isso: falo de um mundo integral, em que nada mais pode estar separado em caixinhas, em que as pessoas que trabalham numa organização não são apenas produtores de mais-valia para empresas. Essas pessoas querem estar em lugares que respeitem esse paradigma e trabalhando para líderes e marcas que também o respeitem.

Se você me perguntar se toda a empresa pensa assim, eu vou dizer que não. Agora, vou dizer também que as que não pensam assim caminham para a irrelevância, para não ser nada, para não se conectar mais com humanos. Tem algumas até apostando que vão se virar bem com robôs, mas sabemos que não é bem assim. Quando vemos as discussões a respeito da indústria 5.0, da empresa 5.0, o que estamos definindo é uma empresa altamente tecnologizada com o ser humano no centro, ou seja, é a tecnologia a serviço do humano. A sustentabilidade já é uma reflexão sobre o papel do ser humano dentro das organizações. Portanto, não dá para falar de sustentabilidade sem falar em humanização.

Na verdade, o processo de sustentabilidade é necessariamente um processo de reumanização das organizações que, em algum momento, perderam sua humanidade por qualquer razão: se tornaram empresas muito grandes, companhias abertas, sociedades anônimas etc. No fundo, as empresas geralmente nascem como desdobramento de uma comunidade. Digo isso, porque quando você vê a história de empresas familiares no Brasil, você entende que elas nasceram em comunidades justamente para servi-las. E aí foram crescendo, crescendo, se tornaram globais e perderam esse vínculo, transformando-se em empresas de acionistas, por exemplo, sem cara, sem nome, sem responsabilidades."

PROCESSO CIVILIZATÓRIO

"O exercício de solidariedade pressupõe uma reforma íntima profunda. Muitos acham que solidariedade se resume à ideia de ajudar quem sofre mais, mas se esquecem de que temos que olhar para nossos pares também, para as pessoas que estão ao nosso lado. Temos que olhar todos como iguais. Por exemplo, eu deveria ser solidário em relação à minha assistente doméstica, que está todo dia na minha casa e que, às vezes, eu não consigo parar para perguntar se ela está bem, nem percebo se ela está triste; só vejo a vassourinha dela andando de um lado para o outro.

Exercer solidariedade tem a ver com responsabilidade, com entender que a nossa responsabilidade tem que ter o tamanho dos nossos privilégios. Afinal, a vida nunca será feliz se for apenas um exercício egocêntrico.

Acredito que, depois da pandemia, nós realmente estamos começando a entender que o ser humano não vale pelo que ele entrega na empresa, mas pelo que ele é. Isso é muito profundo e tem relação direta com a sustentabilidade. Esse processo está em curso nas organizações e não é um processo empresarial, mas civilizatório. As empresas estão nas sociedades, as sociedades querem empresas melhores e as empresas, para não perderem sua conexão, estão revendo todos os seus valores, processos e suas tomadas de decisão.

Tudo isso nos dá a possibilidade de colocar uma discussão importante na mesa da economia mundial, que caminha para a substituição do capitalismo do shareholder *para o capitalismo do* stakeholder*; *ou seja, os negócios no século XXI terão que gerar valor compartilhado para todas as partes interessadas e não só para os acionistas.*

Haverá empresas que vão insistir em confrontar determinadas máximas, mas fatalmente irão para a irrelevância. Não existe uma empresa sustentável que não tenha uma cultura orientada por valores, portanto, ou ela entende ou vai pagar um preço altíssimo por isso."

SOMOS TODOS CONTERRÂNEOS

"Como diria Edgar Morin, uma pessoa que tem a mesma cidadania que a minha é a pessoa terrena; ou seja, todos nós somos moradores da Terra, não importa quanto dinheiro esse ou aquele

* Enquanto *stakeholder* se refere aos grupos de interesse de um projeto ou organização, *shareholder* diz respeito apenas aos acionistas, isto é, quem possui parte da empresa.

tem, a nossa origem é a mesma. Estamos no mesmo barco e todos nós temos que cuidar para que este barco siga navegando.

Eu não posso ter uma empresa reumanizada se eu não resgatar a empatia, o olhar atento ao outro, quer seja chefe, colaborador, colega de trabalho. A pandemia foi um grande exercício de empatia, de solidariedade, de respeito ao outro, de amor ao próximo. As empresas quiseram estar perto das pessoas durante aquele período, o que gerou um aprendizado para o universo empresarial do Brasil e do mundo. Aquele momento de crise extrema de saúde trouxe essa mudança que, na minha opinião, é indelével e fortaleceu as reflexões sobre valores, conduta pessoal e empresarial, sobre o modo de ser e estar neste mundo. Tanto é assim, que um tema que sequer havia passado perto da preocupação empresarial – a saúde mental – ganhou ênfase e passou a ser um dos temas centrais de sustentabilidade empresarial ou ESG, que é a nova sigla para definir essa postura.

Se eu resgato a empatia e começo a perceber que o outro existe, eu também começo a exercitar minha solidariedade. Então, solidariedade pressupõe o reconhecimento do outro, e este outro, que eu não percebia quando estava numa outra realidade empresarial, passa a ser valorizado.

Um dos temas que cresceu de forma exponencial e estratégica nas empresas foi o respeito à diversidade, equidade e inclusão. Esse é o campo do respeito".

O QUE É UMA EMPRESA SUSTENTÁVEL?

"Se eu tivesse que fazer aqui uma definição rápida do que é uma empresa sustentável, eu diria que é uma empresa ética, transparente,

que respeita o outro e o meio ambiente. Nessa definição, uma boa parte da medição de sustentabilidade tem a ver com a atitude de perceber o outro como parte da própria existência."

MUDANÇA GERACIONAL

"Até 20 anos atrás era aceitável que uma empresa gerasse negócios e lucro prejudicando seres humanos e o meio ambiente. Agora não é mais! Na cadeia de valor dos negócios, hoje, direitos humanos é um tema que está em alta. Isso tem a ver com uma questão importante que é a geracional. Eu acho fundamental perceber que o movimento civilizatório que ganha força nas empresas em nossos tempos tem a ver com a nova turma que está vindo assumir as empresas. Os millennials* *têm a mentalidade de olhar para o outro sem se sentirem superiores, porque isso já está no DNA deles.*

A visão do mundo dessa nova geração é da felicidade à vista; já a dos baby boomers** *era da felicidade a prazo.*

Hoje em dia, os jovens cobram as empresas para que tenham um instituto ou fundação, e essa é uma boa novidade desses novos tempos em que podemos discutir solidariedade não como um fenômeno pontual, mas contínuo. O brasileiro é o 'cara' mais solidário do mundo, pontualmente falando, certo? Quando tem uma crise, todo mundo doa, mas por que temos que esperar as imagens dramáticas da Globo para sermos solidários? Os jovens apontam um novo caminho e isso é admirável!"

---

* *Millennials* são pessoas nascidas entre 1980 e 1995.

** *Baby boomers* são pessoas nascidas entre 1945 e 1964.

CARACTERÍSTICAS DO LÍDER SUSTENTÁVEL

Ricardo Voltolini já entrevistou mais de 800 líderes em 15 anos, é o trabalho de uma vida! Com histórias de verdade em mãos, ele define as características dos líderes sustentáveis a partir de quatro grandes competências atitudinais.

São cuidadores, pois respeitam o outro, têm empatia e praticam a escuta ativa e afetiva. São líderes justos e solidários, mais inclusivos e orientados para o ser humano.

Eles são éticos, transparentes e altruístas, não devem estar centrados neles mesmos, mas num grupo de pessoas. Na hora de tomar decisões, eles levam mais em conta aspectos humanos e naturais. Sendo assim, não tomam decisões que prejudiquem pessoas e o meio ambiente. São líderes com um olhar sistêmico e noção de interdependência, agem com transparência e aceitam mais a ideia de vulnerabilidade.

OLHE O FILME, NÃO A FOTO

Voltolini é otimista quanto às mudanças que estão acontecendo nas empresas que assumiram de fato uma caminhada ESG, mas sabe que muita coisa ainda precisa ser feita para termos organizações realmente humanizadas, empáticas e solidárias.

> ***"A grande maioria dos empresários com quem tive contato fez, sim, uma ligação muito grande com o tema da sustentabilidade, mas esse é um quadro que mostra um processo de evolução; então é melhor olhar o filme e não a foto. Qualquer mudança nas empresas, para ser de verdade e consistente, tem que acontecer não por obrigação, mas voluntariamente."***

"A felicidade passa pela solidariedade."*

* Pe. João Carlos Almeida, scj.

CAPÍTULO 21

AS OSCs EM TEMPOS DE INTELIGÊNCIA ARTIFICIAL

Um debate que não dá mais para deixar de lado é o uso da Inteligência Artificial, que está, a passos largos, entrando em todas as searas. No Terceiro Setor não poderia ser diferente. E antes de dizer se isso é bom ou ruim, se tem mais prós do que contras, vou dizer o que me norteará neste capítulo: uma ponderação do IDIS (Instituto para o Desenvolvimento do Investimento Social).

"A Inteligência Artificial é risco ou oportunidade?
Resposta: é realidade."

Simples assim. A IA já espalhou seus tentáculos em toda parte porque representa um avanço e, se bem usada, tem potencial para desempenhar um papel importante na agilização de muitos e muitos serviços; não obstante, há implicações técnicas e éticas a serem levadas em conta. E, por óbvio, é preciso investir para absorver os benefícios dessa ferramenta.

Em um bate-papo com o ChatGPT* – que em apenas três meses de lançamento atingiu 100 milhões de usuários, sendo

* ChatGPT, plataforma de IA generativa da Open AI.

este o crescimento mais rápido na história dos aplicativos de internet – veja como ele definiu a ajuda que pode dar às organizações da sociedade civil: "Estou disponível para ajudar em uma variedade de áreas que podem ser relevantes para organizações não governamentais (ONGs). Isso inclui ajudar a criar conteúdo educacional, fornecer suporte técnico, desenvolver estratégias de comunicação, facilitar a pesquisa e muito mais. Posso ajudar a encontrar informações, redigir documentos e até mesmo fornecer suporte emocional por meio de conversas". Esta última habilidade que o ChatGPT se gaba de ter pode não ser prudente utilizar, mas o tempo dirá!

O jornalista e consultor Ricardo Voltolini constata que já estamos sendo influenciados pela Inteligência Artificial há muito tempo e, a depender do uso que decidirmos fazer dela, podemos ter benefícios, sim. Ele deu um exemplo: "A IA pode auxiliar pessoas que já estão propensas a ajudar alguma causa ou ONG a fazer mais rápido as doações em qualquer parte do mundo e pode melhorar a educação pública, inclusive".

Vamos à pesquisa da organização britânica CAF (Charities Aid Foundation), representada no Brasil pelo IDIS*, sobre este assunto tão em voga em nossos tempos. O levantamento inédito denominado **"O que pensam as pessoas sobre o uso de IA por ONGs"** foi divulgado em fevereiro de 2024 e mostrou a sociedade otimista, mas ainda bastante dividida em relação ao uso da IA por organiza-

---

* IDIS. Pesquisa global revela percepção sobre o uso de inteligência artificial por ONGs. IDIS, 1 fev. 2024. Disponível em: https://www.idis.org.br/pesquisa-global-revela-percepcao-sobre-o-uso-de-inteligencia-artificial-por-ongs/. Acesso em: 21 jul. 2024.

ções sociais. Participaram do estudo mais de seis mil indivíduos em dez países, incluindo o Brasil.

Segundo a pesquisa, 37% dos entrevistados acreditam que os benefícios do uso da IA superam os potenciais riscos, em contraste com os 22% que afirmam o contrário.

O estudo aprofunda a análise calculando ainda a favorabilidade líquida, ou seja, a diferença entre aqueles que são favoráveis ao uso da IA e aqueles que acreditam que os riscos são maiores. No mundo, esse valor equivale a 15%. No ranking por países, o Brasil ocupa o segundo lugar entre aqueles que acreditam que os benefícios do uso da IA superam os riscos (30%), ficando atrás apenas do Quênia (44%). Entre os países pesquisados, apenas na Austrália a maioria da população se mostra cética em relação à adoção da IA e acredita que os riscos são maiores que as oportunidades (-4%).

As oportunidades mais destacadas pelos respondentes brasileiros foram:

1. A possibilidade de auxiliar mais pessoas (29%).
2. A capacidade de rápida resposta a emergências (22%).
3. A tomada de decisões mais precisas a partir da análise de dados (16%).

Já entre os riscos para as organizações do Terceiro Setor, os mais citados pelos respondentes brasileiros foram:

1. A segurança de dados (30%).
2. A redução de postos de trabalho (26%).
3. A geração de informações e decisões enviesadas (14%).

Aos poucos, a IA é adotada pelas organizações da sociedade civil, conforme relata Kiko Afonso, diretor-executivo da Ação da Cidadania. "Hoje usamos a IA para a comunicação, fazendo anúncios patrocinados em plataformas como Google ou Facebook e gerando imagens, por exemplo. Vemos também um grande potencial de seu uso para a captação de recursos, pois seu uso poderá nos ajudar a compreender melhor o perfil de nossos doadores e a criarmos estratégias a partir desse conhecimento."

A pesquisa revela que o público está atento e interessado em como as ONGs aplicam a tecnologia e apenas 13% responderam que prestariam pouca ou nenhuma atenção ao seu uso pelas organizações que apoiam. Entre os países em desenvolvimento, grupo que inclui o Brasil, 73% dizem que prestariam muita atenção a esse ponto, índice bastante superior aos 40% dos países onde a renda é maior.

Os resultados indicam que o público reconhece as oportunidades geradas pela Inteligência Artificial, mas espera cautela e transparência para compreender como e por que as organizações estão utilizando a IA para cumprir sua missão. Reconhecem também que deve haver investimento para que essa ferramenta possa ser adotada por todo tipo de organização, evitando criar desigualdades no setor.*

* Os dados completos estão disponíveis no site da CAF: CAF. What the public think of charities using AI. Charities Aid Foundation (CAF). Disponível em: https://www.cafonline.org/insights/research/what-the-public-think-of-charities-using-ai#:~:text=We%20asked%20over%206%2C000%20people,views%20on%20charities%20using%20AI.&text=Charities%20can%20embrace%20AI%2C%20safe,55%2D64s%20(%2B6%25). Acesso em: 21 jul. 2024.

CAPÍTULO 22

O DESASTRE, O AMOR, A AÇÃO!

A tragédia sem precedentes que atingiu nossos irmãos do Rio Grande do Sul em 2024 exigiu o capítulo final desta obra. Este, que é um dos piores desastres ambientais do planeta, devastou não apenas mais de 90% dos municípios do Estado gaúcho, mas a vida de milhões de pessoas que perderam tudo ou quase tudo que tinham conquistado ao longo de sua história. Isso sem falar das centenas de mortos. Desejo me solidarizar, neste espaço, com todos que perderam seus entes queridos, que ficaram desabrigados, desalojados, órfãos, sem família, sem meio de subsistência.

Mais uma vez a natureza deu o alerta, um alerta que já deveria ter sido ouvido pelas autoridades de todas as esferas do país, mas que foi negligenciado.

E mais uma vez o brasileiro se mostrou solidário, generoso, atento às necessidades dos que sofrem, doando água, alimentos, roupas, itens de higiene e limpeza, medicamentos e tudo mais o que era urgentemente necessário.

A solidariedade é um dos atos mais bonitos que podemos vivenciar diante de uma tragédia. Em momentos difíceis como esse, é fundamental que as pessoas se unam para oferecer ajuda e apoio aos afetados. A solidariedade se manifesta de diversas formas, seja por meio de doações, seja por meio da prestação de serviços voluntários ou simplesmente oferecendo um ombro amigo para quem precisa desabafar. É inspirador ver como a comunidade se mobiliza intensa e instantaneamente!

O ser humano, em qualquer área de atuação, precisa resgatar as questões do cuidado com o povo, do cuidado com o outro, do zelo pela natureza, pois, daqui para frente, vamos conviver mais e mais com situações extremas. O momento é dramático e as urgências humanitárias e sanitárias podem ficar mais frequentes, ampliando dramas sociais e emocionais. Diante dessa realidade, é preciso um esforço coletivo para reconstruir não apenas as estruturas físicas, mas também os laços sociais e emocionais. No aspecto psicológico, é natural que as pessoas atingidas por uma tragédia sintam um grande abalo emocional. O trauma das perdas e a sensação de insegurança podem ser avassaladores. A atenção à saúde mental da população é fundamental após tragédias da magnitude desta no Rio Grande do Sul.

Sejamos solidários, mas também sejamos atentos para tentar evitar outras tragédias anunciadas, fazendo as cobranças ao poder público na hora certa. Quem tem condições para isso deve fazê-lo. Aliás, isso também é ser solidário: falar em prol daqueles que não têm voz nem vez!

Trago aqui uma importante reflexão de **João Paulo Vergueiro**, ex-diretor da ABCR e idealizador do Monitor das Doações, a respeito desse momento em que estas páginas são escritas. Impactado pela dimensão da tragédia, ele fala sobre a generosidade latente do povo brasileiro nessa conjuntura em que o senso de urgência tocou o coração dos que tinham muito ou pouco para dar, e impulsionou uma onda gigantesca de solidariedade.

Veja no artigo a seguir.

Nunca fomos tão generosos – e cinco sugestões de como fazer diferente ao pedir doações em tragédias

por João Paulo Vergueiro

Estamos testemunhando o maior movimento de solidariedade do país.

Famílias, empresas, igrejas, sindicatos, ONGs, órgãos públicos e até partidos políticos estão engajados para mobilizar doações em benefício da população do Rio Grande do Sul.

O São Paulo Futebol Clube, time que eu torço, arrecadou 320 toneladas de alimentos para enviar. Já o aeroporto do Recife chegou a suspender o recebimento de doações, tamanha a generosidade do povo pernambucano – não tinha mais espaço para guardar.

Esses dois exemplos são prosaicos e obviamente não suficientes para comprovar o meu argumento inicial.

Mas a percepção do alto nível de envolvimento da população brasileira é real e eu tenho certeza de que você sentiu também.

E eu ouso dizer, do alto da minha pretensa autoconfiança (e arrogância) de "criador de conteúdo no LinkedIn" (argh), que o engajamento atual é maior que o que observamos durante a COVID.

Não é uma comparação adequada, a bem da verdade. A COVID afetou o país inteiro, paralisou o país inteiro, e gerou uma mobilização nacional que levantou mais de 7 bilhões de reais em doações, conforme o Monitor das Doações, iniciativa

criada à época pela ABCR – Associação Brasileira de Captadores de Recursos.

Eu me lembro da loucura que era. Quando o Monitor foi estabelecido, eu passava madrugadas mapeando os valores doados nas campanhas, o número de doadores de cada uma delas, os anúncios de doações realizadas por pessoas físicas e jurídicas em todo o país etc.

Os valores atuais não chegam nem perto do que foi na pandemia, apesar de eu estimar que mais de 350 milhões de reais já foram doados em todo o país: 104 milhões na campanha SOS Rio Grande do Sul, 72 milhões na campanha Vakinha, 60 milhões doados pelo Banco do Brasil, 50 milhões pela Família Ling, e muitos outros milhões por campanhas e iniciativas dentro e fora do país.

Esses números vão crescer, não tenho dúvida, e não me surpreenderá se chegarmos a um bilhão de reais em doações de dinheiro. Mas, ainda que isso venha a ser muito inferior aos sete bilhões da pandemia, repito: estamos testemunhando o maior movimento de solidariedade do país.

Nunca mobilizamos tanto apoio de uma única vez para uma única causa e região do nosso país. Dinheiro, tempo (voluntários), alimentos, roupas, e muito mais têm sido doados em grande quantidade, em todo o Brasil, em benefício do povo gaúcho.

E se não for o maior movimento do ponto de vista das doações em dinheiro, ainda assim o será quando consideradas todas as outras formas de envolvimento da população, que tem sido excepcional e contribuído para minimizar o impacto dessa tragédia horrorosa que causou um desastre inédito na nossa história recente.

Como fazer diferente ao promover doações em tragédias e emergências

Mesmo com tamanha generosidade, mostrando o quanto nosso povo é solidário, nem todas as iniciativas de doação são 100% perfeitas para um período como esse. A maioria delas é bem-intencionada, não tenho dúvidas disso, mas não quer dizer que alguns pequenos ajustes não poderiam ser realizados para estimular ainda mais as doações. E tenho aqui cinco sugestões que pensei e que gostaria de compartilhar com vocês.

1 – Não é o momento para campanhas de "matching"

Uma iniciativa de "matching" *é uma ação na qual um financiador diz que vai realizar uma doação para cada outra que é realizada por um terceiro. Pode ser na proporção de 1 para 1 (ou seja, a cada 1 real doado o financiador doa mais 1) ou em outra proporção. Durante a pandemia, eu critiquei iniciativas como essa. Meus argumentos seguem os mesmos: em momentos de tragédia, a gente precisa de todo o apoio possível, e o mais rápido possível. Por isso, quando estamos captando para uma crise, não é adequado vincularmos a realização de uma doação a recebermos uma outra doação antes, com o risco de, no caso de a campanha não dar certo, nenhuma doação ser realizada. Por enquanto, vi apenas uma campanha nesse sentido, da Natura, e espero que o exemplo não prospere para outros financiadores. Quer ajudar numa emergência? Faça a doação e inspire mais doações com o seu exemplo, mas não me diga que você precisa que eu doe primeiro para você doar também.*

2 – Não faça autopromoção da sua campanha

Tragédias são momentos de sermos sensíveis com as pessoas e comunidades impactadas, e por isso todas as iniciativas de mobilização de recursos são bem-vindas. Quanto mais pedirmos doação, melhor; quanto mais estimularmos as pessoas a serem generosas, melhor. E a gente deve apoiar todas as ações que promovam isso. Só que as tragédias não são o momento para que as empresas e pessoas promovam suas vendas para ganhar dinheiro com isso, ou estimulem a concorrência, por maior sucesso que tenham tido em fazer o bem. Por isso, eu fiquei particularmente incomodado com a frase que dá título à campanha do Vakinha, "A Maior Campanha Solidária do RS", por passar uma imagem que não me parece a ideal no momento em que a população gaúcha mais precisa de apoio. E digo isso mesmo sendo ela um grande sucesso, com 72 milhões de reais arrecadados até agora (portanto, a segunda maior campanha solidária do RS). Esse nome suscita comparações com outras campanhas, estimula um espírito de concorrência entre quem está captando, e a minha opinião é que poderia ter sido outro, sem prejuízo algum para a iniciativa. Independentemente disso, é importante lembrar aqui que o Vakinha é uma empresa de Porto Alegre e foi diretamente afetada pelas enchentes, está fazendo uma iniciativa muito bacana, inclusive publicando uma planilha com a lista de quem recebe as doações que eles estão fazendo com o dinheiro arrecadado. Mais de 27 milhões de reais já foram repassados.

3 – Não use a sua imagem só para pedir doações, doe também

Nos primeiros dias da tragédia, eu vi várias celebridades pedindo doações nas redes sociais. Várias delas fizeram doações, e algumas até foram para o Rio Grande do Sul atuar como voluntárias. Tudo muito incrível. Ao mesmo tempo, vi outras celebridades que também vieram a público nas suas redes, mas em vez de falarem da sua própria contribuição, elas optaram por pedir que as pessoas doassem. E, na minha avaliação, isso é uma das grandes dificuldades que temos no país para promover as doações: a gente não sabe lidar com dinheiro.

- *A gente critica quem tem dinheiro.*
- *A gente critica quem tem dinheiro e não doa.*
- *A gente critica quem tem dinheiro e doa.*
- *A gente critica quem tem dinheiro, doa e não diz quanto doou (nesse caso, sou eu a criticar, perdão).*

Enfim, a gente reclama de tudo e de todas as situações, e acabamos com isso não colaborando para o desenvolvimento de um ambiente na sociedade em que o dinheiro que as pessoas dispõem serve de exemplo para fazer o bem e inspirar ainda mais doações. Afinal, não basta pedir, tem que participar.

4 – Doe na pessoa física, não se esconda atrás da empresa

Essa é outra característica bem própria de como muitos indivíduos e famílias da elite praticam a doação no Brasil: elas não querem aparecer publicamente e por isso quem doa são suas empresas. Aliás, se em alguns casos elas não querem aparecer, em outros o que elas querem mesmo é que o nome das empresas seja promovido. Ao se esconderem atrás das suas empresas para realizar doações, essas famílias deixam de inspirar outras famílias ricas, o que dificulta que se gere um movimento positivo de doações em uma realidade em que a elite já não é habitualmente generosa. E é ainda pior porque, no Brasil, as empresas também já não são lá grande coisa como doadoras. Em uma tragédia como a que o povo do Rio Grande do Sul está vivenciando, todo apoio é bem-vindo, e há milhares de empresas mobilizando doações para ajudar o povo gaúcho. Essas empresas são incríveis, e seus funcionários ainda mais. Mas se você controla uma empresa e tem milhões de reais para doar, siga o exemplo já citado da família Ling: doe em seu nome, não se esconda atrás do seu patrimônio. Você vai fazer ainda mais diferença dessa forma!

5 – Jamais peça para as pessoas não doarem

Nunca, nunca, nunca, nunca e nunca peça para as pessoas pararem de doar quando elas estão sendo solidárias em uma tragédia, como fez recentemente o governador do Estado do Rio Grande do Sul, Eduardo Leite. Já tem alimentos suficientes? Já tem produtos demais? Tudo bem, não tem problema algum, sugira às pessoas que elas priorizem enviar outros tipos de materiais ou, principalmente, que elas optem por doar dinheiro para as ONGs locais. Mas pedir para as pessoas deixarem de ser generosas logo quando elas estão mais sensibilizadas com a tragédia? Jamais! Isso só prejudica o trabalho de todo mundo que está comprometido em fazer a diferença e, em especial, em promover a solidariedade.

Aqui eu quis apenas compartilhar alguns dos meus sentimentos e percepções sobre práticas que observo desde a pandemia, e que nem sempre entendo como completamente adequadas. Não tenho como influenciar a maior parte das

pessoas para que mudem como estão agindo, mas acredito que com alguns pequenos ajustes de comportamento e de forma, quem tem dinheiro e está promovendo as doações vai conseguir influenciar ainda mais pessoas e gerar um bem muito maior ao país!*

Depois desta percepção de um momento tão marcante que aconteceu quando da finalização desta obra, acredito ser importante ampliar este debate.

Todas essas dores humanas, que fizeram voltar os olhares para o Rio Grande do Sul, têm rostos e nomes em várias partes do nosso país de proporções continentais, e também estão escancaradas pelos quatro cantos do mundo.

Afinal, vocês, caros leitores, já se deram conta de quantos desastres naturais e de quantas outras catástrofes frutos da ganância de grandes empresas aconteceram nas últimas décadas? E quão grande também foi a mobilização de voluntários – cujo trabalho temos sempre que enaltecer – quão gigantesca precisou ser a quantidade de doações de dinheiro e de materiais básicos para garantir a sobrevivência dos milhões de pessoas afetadas ao redor do planeta? No Brasil, houve uma enchente de grandes proporções atrás da outra, algumas já citadas nos capítulos anteriores. E por trás de cada emergência climática, geralmente estão as ações humanas que não levaram em conta

* Os números e valores apresentados no texto referem-se à situação das doações até 18/5/24. Veja o artigo na íntegra no link a seguir: VERGUEIRO, J.P. Filantropia e a crise: o impacto das doações em tempos desafiadores. LinkedIn. Disponível em: https://www.linkedin.com/posts/vergueiro_filantropia-doaaexaeles-crise-activity-7196868986150498304-rYMW. Acesso em: 19 ago. 2024.

as gerações futuras, mas que priorizaram as questões econômicas, o lucro com esse ou aquele desmatamento, com essa ou aquela atividade que depredava a natureza etc., etc., etc.

Não tem como desviar o rosto de tudo isso! Esses desastres ressaltam a importância de medidas preventivas, de políticas de conservação ambiental e a necessidade de conscientização sobre a preservação dos ecossistemas, a fim de evitar futuras emergências climáticas.

"Pensar mais no próximo, nos seus interesses, na sua satisfação, na sua alegria, do que em nós é o sinal inequívoco da verdadeira caridade."*

* Beato Columba Marmion (1858–1923).

Que tal marcar na agenda as ações solidárias que você quer fazer a cada dia?

DOMINGO	SEGUNDA	TERÇA	QUARTA
Doe roupas usadas ou novas para uma instituição de caridade.	Pague o café ou a refeição de alguém que não teria como pagar.	Faça uma doação para uma ONG do seu bairro ou cidade.	Faça uma refeição extra e entregue para alguém em necessidade na rua.
Doe tempo para ajudar em um centro de apoio a vítimas de violência doméstica.	Ofereça-se para ensinar habilidades básicas a crianças de baixa renda.	Passe um tempo em conversa com idosos numa casa de longa permanência.	Doe brinquedos para uma instituição de caridade que os distribua para crianças carentes.
Espalhe alegria aonde quer que vá!	Separe um tempo para ouvir algum parente ou amigo que precisa desabafar.	Monte kits de primeiros socorros e distribua para comunidades carentes ou áreas de difícil acesso.	Ajude a preparar e servir refeições em uma ONG.
Monte kits de higiene básica e distribua para pessoas em situação de rua.	Faça uma visita a um hospital infantil e leve brinquedos ou livros para as crianças.	Doe sangue.	Incentive amigos e familiares a participarem de uma ação solidária juntos.
Ofereça-se para fazer pequenos reparos ou melhorias em casas de pessoas idosas ou com mobilidade reduzida.	Organize uma coleta de alimentos para moradores de rua, entre amigos, familiares ou colegas de trabalho.		

Espero que essas ideias sirvam de inspiração para você fazer uma diferença positiva na vida das pessoas ao seu redor!

QUINTA	SEXTA	SÁBADO
Ofereça-se para ajudar um vizinho idoso com tarefas domésticas.	Doe alimentos para uma comunidade em sua vizinhança.	Faça e incentive o voluntariado.
Faça uma doação para ajudar vítimas de desastres naturais.	Plante árvores ou flores em espaços comunitários.	Ofereça-se para cuidar dos animais de estimação de alguém que está doente ou incapacitado.
Doe livros para uma biblioteca comunitária.	Ofereça-se para fazer pequenos reparos ou melhorias em casas de pessoas em vulnerabilidade.	Promova uma campanha de arrecadação de fundos para uma causa social.
Doe materiais escolares para escolas em comunidades carentes.	Doe cobertores ou roupas quentes para pessoas sem-teto.	Passe um dia ajudando em um centro de reciclagem ou na limpeza de praias e parques.

CALENDÁRIO DO BEM

"Ouve-me, pobre: Que te falta se Deus está contigo?
Ouve-me, rico: Que possuis se te falta Deus?"*

* Santo Agostinho.